전남 동부지역 기독교 기관과 지역사회

인문학술원 연구총서 13
종교역사문화총서 03

전남 동부지역 기독교 기관과 지역사회

초판 1쇄 발행 2021년 6월 30일

엮은이 | 국립순천대학교 인문학술원 종교역사문화센터
펴낸이 | 윤관백
펴낸곳 | ✕ᇀ돈판선인

등 록 | 제5-77호(1998.11.4)
주 소 | 서울시 마포구 마포대로 4다길 4 곳마루빌딩 1층
전 화 | 02)718-6252/6257
팩 스 | 02)718-6253
E-mail | sunin72@chol.com
Homepage | www.suninbook.com

값   20,000원
ISBN 979-11-6068-491-9 93900

· 잘못된 책은 바꾸어 드립니다.
· 표지디자인: 김진디자인(02-323-5372)

이 저서는 2020년 대한민국 교육부와 한국연구재단의 지원을 받아 수행된 연구임
(NRF-2020S1A5B8103485).

인문학술원 연구총서 13
종교역사문화총서 03

전남 동부지역 기독교 기관과 지역사회

국립순천대학교 인문학술원
종교역사문화센터 편

발간사

　국립순천대학교 인문학술원은 연구총서의 하위 총서의 하나로 종교역사문화총서를 발간하고 있습니다. 이 책은 종교역사문화총서의 세 번째 성과물입니다.

　인문학술원은 2001년에 인문학연구소로 시작했습니다. 지난 20년 동안 인문학연구소는 지속적으로 발전하였습니다. 특히 2017년에 한국연구재단 대학중점연구소 사업에 선정되면서 큰 발전의 계기를 맞았습니다. 이후 2019년 순천대학교 인문학연구소는 인문학술원으로 확대개편되면서 학술지 『인문학술』을 창간하고, 인문학술원 연구총서와 자료총서를 발간하기 시작하였습니다. 2020년 인문학술원은 한국연구재단 대학중점연구소 2단계 사업에 재선정되면서 지속적으로 발전해 나가고 있습니다.

　순천대 인문학술원은 순천대학교가 위치한 전남 동부지역의 다양한 역사문화유산을 다루고 있습니다. 기독교 역사문화도 그 중의 하나입니다. 전남 동부지역 기독교 선교는 순천 선교부와 순천노회를 중심으로 활발하게 진행되었습니다. 그 결과 '북평양, 남순천'이라는 말이 생길 정도로 순천을 비롯한 전남 동부지역 기독교가 크게 발전하였습니다. 기독교의 발전은 지역사회의 교육, 문화, 정치, 의료 등 다양한 방면에도 큰 영향을 미쳤습니다. 따라서 전남 동부지역 사회의 근대적 발전과 기독교 선교는 밀접한 관계를 맺고 있습니다.

　전남 동부지역 교회의 구심체였던 순천노회 전체가 일제강점기에 신사참배 반대운동 과정에서 커다란 수난을 당하기도 했습니다. 전남 동부지역 선교와 교회의 역사는 지역차원에서뿐만 아니라 한국교회사와 한국민족운동사에서도 중요한 위치를 차지하고 있기도 합니다. 따라서 지역의 기독교선교와 교회발전의 역사를 한국 근현대 전체 흐름과 연관지어 체계적으로 정리할 필요성이 있습니다.

순천대 인문학술원에서는 2017년, 2018년, 2019년 3년 동안 전남 동부지역 기독교선교와 교회 역사 관련 학술대회를 세 차례 진행하였습니다. 2017년에 진행된 학술대회의 연구성과는 2019년에 『전남동부 기독교 선교와 한국사회』(인문학술원 연구총서 11권 / 종교역사문화총서 1권)로 출판되었습니다. 2018년과 2019년 학술대회의 성과는 이번에 『전남 동부지역 기독교 인물과 선교활동』(인문학술원 연구총서 12권 / 종교역사문화총서 2권), 『전남 동부지역 기독교 기관과 지역사회』(인문학술원 연구총서 13권 / 종교역사문화총서 3권)로 출판하게 되었습니다. 학술대회에 참여하시고 귀중한 연구성과를 이번 연구총서에 보내주신 선생님들께 인문학술원을 대표하여 깊은 감사를 드립니다.

순천대 인문학술원 종교역사문화센터는 종교역사문화총서를 앞으로도 계속해서 발간하려고 합니다. 기독교뿐만 아니라 유교, 불교, 대종교 등도 그 대상이 될 수 있을 것입니다. 이 연구총서를 통해 독자여러분들이 전남 동부지역의 기독교를 비롯한 역사문화에 대해 더욱 많은 관심을 가지게 되는 계기가 되기를 기대합니다.

끝으로 이 책의 기획, 원고수집, 편집, 교정 등 전 과정을 담당해주신 임송자 교수님께 깊이 감사드립니다. 그리고 학술대회를 진행하고 총서까지 발간할 수 있도록 지원해준 서선화 선생님과 정소연 선생님께도 고마움을 표합니다. 또한 이 자리를 빌려 이러한 연구가 가능하도록 지원해주신 허석 시장님과 장경태 순천기독교총연합회장님께 감사드립니다.

2021년 6월
국립순천대학교 인문학술원장 강성호

차 례

제2부 교육·청년운동 기관

순천지역 교육 선교의 요람, 매산학교 _**박정환**

순천기독면려청년회 활동과 순천청년회 _**임송자**

순천YMCA의 창립·재건과 발전 _한규무

제1부

선교 기지와 의료기관

강성호
미국 남장로회 한국선교부의
순천 스테이션 설치와 운영

윤정란
전남 순천노회의 역사와
역사적 정체성의 정립과정

이홍술
미국남장로회 한국선교사들의
사랑의 열매, 애양원

송현강
순천결핵병원

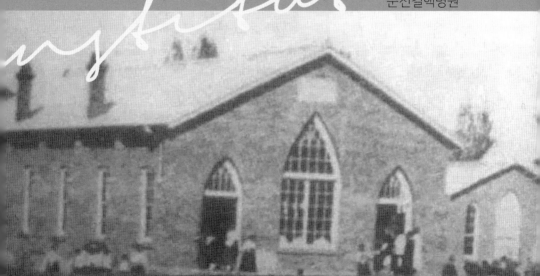

미국 남장로회 한국선교부의
순천 스테이션 설치와 운영[*]

강성호

I. 머리말

미국 남장로회의 호남선교는 스테이션(station)을 중심으로 진행되었다. 미국 남장로회 한국선교부(Korea Mission of the Presbyterian Church in the United States)는 호남에 전주스테이션(1893년)을 시작으로 군산스테이션(1894년), 목포스테이션(1897년), 그리고 광주스테이션(1904년) 등을 연이어 설치하였다. 호남에서 마지막으로 순천스테이션이 1913년에 설치되었다.[1] 순천 스테이션은 뒤늦게 설립되었지만 다른 호남의 스테이션들보다 충분한 인력과 시설들을 가지고 체계적으로 시작했다는 특징을 지니고 있다.[2] 또한 순천 스테이션이 다른 스테이션들과 다르게 대한제국 멸망 이후에 세워졌다는 점도 순천 스테이션의 특징으

---

* 순천대 남도문화연구소에서 발간하는 학술지『남도문화연구』37(2019.8)에 실린 논문인 미국 남장로회 한국선교부의 순천스테이션 설치와 운영」을 수정·보완한 글이다.

1) 조지 톰슨 브라운, 천사무엘·김균태·오승재 공역, 『한국선교이야기: 미국 남장로교 한국선교역사(1892-1962)』, 동연, 2010, 133-136쪽.

2) J. F. Preston, "Introduction", KMF, Jul. 1936, p. 135.

로 볼 수 있다. 대한제국 시기에는 외래종교로서 기존 유교문명의 견제를 받을 수 있었지만, 대한제국이 무너진 뒤 외래종교인 기독교는 일본 제국주의에 대한 대안으로 보일 수 있었기 때문이다. 따라서 1913년 순천 스테이션 설립 이후 순천을 포함한 전남 동부지역 교회가 급성장 하게 된 이유로 체계적인 순천스테이션 운영과 대한제국 멸망이라는 시대적 배경을 동시에 고려할 필요가 있다.

미국 남장로회의 호남지역 선교에 대한 연구에서 광주, 목포 등에 비해 순천에 대한 연구가 상대적으로 적은 편이다.[3] 또한 순천 스테이션 자체에 대한 본격적인 연구도 아직까지 진행되지는 못했다. 미국 남장로회의 선교정책과 선교활동이 스테이션을 중심으로 진행되기 때문에 스테이션에 대한 이해가 중요하다.[4] 순천 스테이션의 복음선교, 교육선교, 의료선교, 선교사, 선교 유적 등에대한 연구들이 부분적으로 진행되었지만, 스테이션 자체에 대한 연구가 아직 본격적으로 진행되지 못했다.[5] 따라서 이 글에서는 순천스테이션의 설치배경, 설치내용,

---

3) 김수진, 「호남지방 교회의 역사: 호남지방 선교 초기부터 해방전후까지」, 『한국기독교와 역사』 3, 1994.12; 안영로, 『전라도가 고향이지요: 미국 남장로회 선교사들의 눈물과 땀의 발자취』, 쿰란출판사, 1998; 주명준, 「미국남장로회 선교부의 전라도 선교: 초창기 선교사들의 활동을 중심으로」, 『논문집(전주대학교)』 21, 1993.1; 송현숙, 「해방이전 호남지방의 장로교 확산과정」, 『한국기독교와 역사』 23, 2005.9; 송현숙, 「호남지방 미국 남장로교의 확산, 1892-1942」, 고려대학교 대학원 박사학위논문, 2011; 차종순, 「미국 남장로교 한국선교사 연구 1」, 『신학이해』 35, 2008; 에너벨 메이저 니스벳, 한인수역, 『(미국남장로교 선교회의) 호남선교 초기역사: 1892-1919』, 경건, 2011; 조지 톰슨 브라운, 천사무엘·김균태·오승재 공역, 『한국선교이야기: 미국 남장로교 한국선교역사(1892-1962), 동연, 2010.

4) 송현강, 「'미국 남장로교 한국선교부'의 목포 스테이션 설치와 운영(1898-1940)」, 『종교연구』 53, 2008.12, 250쪽. 다른 선교부에 대한 연구로는 다음이 있다. 송현강, 「대전스테이션 연구」, 『고고와 민속』 14, 2011; 이재운·정석동, 「군산선교부에 대한 연구」, 『역사와 실학』 55, 2014.11; 송현숙, 「호남지방 기독교 선교기지 형성과 확산에 관한 연구」, 『한국기독교와 역사』 19, 2003.8; 주계명·정복량 편, 『미국 남장로교 한국선교 100주년 기념대회 보고서』, 한국장로교출판사, 1993.

5) 윤정란, 「전남 순천지역 기독교의 수용과 확산」, 『숭실사학』 26, 2011.6; 이양재,

운영 등에 대해 체계적으로 살펴보고자 한다.[6]

II. 미국 남장로회의 한국선교

해방 이전 한국 교회 역사에서 '선교의 역사'가 중요했고, 선교에서 '스테이션(Station)'이 중요했다. 스테이션은 선교 역사를 쓰는 데 있어 중요한 위치를 차지한다.[7] 북장로교 선교부 역사가 로즈(H. A. Rhodes)는 스테이션 마다 1권씩의 역사책이 나올 정도로 활동이 많다고 그 중요성을 강조하였다. 남장로회 선교부 소속 브라운도 스테이션의 개설 준비과정, 설치, 운영 등을 비중 있게 다루었다.[8] 또한 실제로

「순천지역 초기 선교역사연구: 광양 신황리교회를 중심으로」, 호남신학교 대학원 석사학위논문, 2001.12; 한동명, 「보이열(Elmer T. Boyer) 선교사의 호남지방 선교에 관한 연구: 무주, 순천 지역을 중심으로」, 장로회신학대학교 대학원 석사학위논문, 2007.8; 한규무, 「미국남장로회 순천스테이션의 교육선교와 매산남녀학교」 『남도문화연구』 15, 2008.12; 최영근, 「남장로교 선교사 존 페어멘 프레스톤(John Faiman Preston, Sr.)의 전남지역 선교에 관한 연구」, 『장신논단』 48-1, 2016.3; 이덕주, 「일제강점기 순천 선교부와 지역사회」, 『순천대 인문학연구소 학술대회 자료집: 전남동부지역 기독교선교와 한국사회』, 2017.8; 도선붕·한규영, 「순천 선교촌의 형성과 건축특성에 대한 조사연구」, 『한국농촌건축학회논문집』 4(2), 2002.6; 송현숙, 「지리산 왕시루봉 선교사촌의 형태」, 『대한지리학회 학술대회논문집』, 2014.6; 우승완, 「순천의 근대기 도시화에 관한 연구」, 순천대학교 석사학위논문, 2009; 우승완·이석배·이서영, 「근대 순천의 도시발전 동인에 따른 도시변화과정에 관한 연구」, 『한국도시설계학회지』 10(1), 2009.3; 한규무, 「지리산 노고단 '선교사 휴양촌'의 종교문화적 가치」『종교문화연구』 15, 2010.12.

6) 이 글에서는 한남대 인돈학술원이 내부 정리 중이어서 순천 스테이션 관련 선교사 회의록을 참조하는 데 제약이 있었다. 대회 발표 이후에 인돈학술원 자료 재편 작업이 끝나면 관련자료를 보완해 순천 스테이션의 구체적인 운영현황을 파악하려고 한다.

7) 송현강(2008), 앞의 논문, 251쪽.

8) 브라운은 2장에서 서울 스테이션을, 3장에서 군산스테이션과 목포 스테이션을, 4장에서 광주 스테이션을, 5장에서 순천 스테이션을 무게있게 다루었다(조지 톰슨 브라운, 천사무엘·김균태·오승재 공역, 앞의 책, 61-136쪽).

1932년 7월 지리산에서 진행된 '한국선교 40주년 기념식'은 5개 스테이션 역사를 중심으로 진행되기도 하였다.

한국선교 주축이었던 장로교와 감리교의 6개 개신교 주류 교단들이 주요 거점 도시들에 스테이션을 설치하고 선교활동을 하였다. 이는 1932년 현재 한국에서 활동하였던 6개 개신교 교단들이 34곳(만주 3곳 제외) 스테이션을 운영하고 있었다는 점에서 잘 확인된다.[9] 남장로회 한국 선교부도 일제 강점기에 호남지역에 5개의 스테이션을 설치하여 지역선교 거점으로 삼았다. 선교사들은 선교대상 지역의 중심도시에 선교사들이 살 수 있는 생활공간을 만들고, 그 안에 병원, 학교, 교회 등을 세웠다. 스테이션은 선교사들의 주거, 전도, 의료, 교육 등을 유기적으로 조합한 '복합선교지구'였다.[10]

미국 남장로회도 해외선교를 스테이션 설치를 중심으로 진행하였다.[11] 순천 스테이션이 개설되던 1913년 현재 미국 남장로회는 해외선교를 담당했던 '해외선교 집행위원회(The Executive Committee of Foreign Missions of the Presbyterian Church in the U. S.)' 산하에 10개 선교부(the Mission)과 54개 스테이션(Station)을 운영하였다. 또한 미국 남장로회는 7개 국가(브라질, 쿠바, 멕시코, 콩고, 중국, 일본, 한국)에 320명의 선교사를 파견하였다. 1867년에 세워진 중국 중부선교부(Mid-China Mission)의 항주(Hangchow) 스테이션이 해외 최초 스테이션이었다. 남장로회 한국 스테이션도 미국장로회가 해외에 운영하고 있었던 54개 스테이션의 부분이었다.

미국 남장로회의 한국선교는 1892년 10월 선발대 5명이 파견되면서 시작되었다. 선발대는 루이스 테이트(Lewis B. Tate)와 매티 테이트

---

9) 송현강(2008), 앞의 논문, 250쪽.

10) 송현강(2008), 앞의 논문, 253쪽.

11) 송현강(2008), 앞의 논문, 253쪽.

(Mattie Tate) 남매, 윌리엄 레이놀즈(William D. Reynolds), 윌리엄 전킨(William M. Junkin), 리니 데이비스(Linnie Davis) 등이었다. 한국에서 미국북장로회와 남장로회 선교사들은 서로 협력하였다. 그들은 1893년 1월 '장로교선교공의회'(Council of Missions holding the Presbyterian Form of Government)를 조직하였다. 첫 번째 회의에서 레이놀즈 선교사가 회장으로 뽑혔다. 공의회 첫 회의에서 남장로교가 전라도와 충청지방을 맡기로 결정하였다.[12] 미국의 남부지역에 근거한 미국 남장로회에게 한국 남서부지역을 맡기는 것이 좋다고 선교사들은 판단하였다. 당시 충청지방 인구가 1,220,400명이었고, 전라도 지역 인구는 1,452,750명이었다. 7명의 선교사들이 감당하기에는 너무 큰 지역이었다

남장로회 선교사들은 스테이션을 개설하기 위한 전라도 탐사를 시작하였다.[13] 1892년 12월 레이놀즈와 마펫이 공주와 전주를 방문했다. 1893년 초 한국인 기독교인 정해원(Cheng Hai Won)을 전주에 보내 토지를 구매하도록 하였다. 1893년 가을 전킨과 테이트가 전주에 보내 토지 구입 협상을 확인하도록 하였다. 갑오농민전쟁 바로 전인 1894년 3월 레이놀즈와 드루(A. D. Drew)가 전라도 탐사여행을 6주 동안 진행하여 군산, 전주, 목포, 순천 등 네 개 지역을 방문하였다. 그들은 해로로 군산에 도착한 후 육로로 전주로 갔고, 다시 육로로 목포까지 갔다. 목포에서 다시 육로로 우수영을 거쳐 "비옥하고, 웃고 있는 계곡의 들머리에 아름답게 위치한 도시" 순천으로 갔다. 순천에서 다시 육로로 부산에 갔던 레이놀즈와 드루 일행은 육로 여행의 어려움을 깨닫게 되었다.

남장로회는 최초 스테이션을 전북 전주에 개설하였고 테이트와 레이

---

12) 조지 톰슨 브라운, 천사무엘·김균태·오승재 공역, 앞의 책, 47쪽.

13) 조지 톰슨 브라운, 천사무엘·김균태·오승재 공역, 앞의 책, 48–52쪽.

놀즈가 선교활동을 시작하였다. 1894년부터 군산에 두 번째 스테이션이 전킨과 드류를 중심으로 개설되었다. 호남의 세 번째 스테이션은 1896년 나주로 선정되어 벨을 중심으로 개척을 시도했지만 성공하지 못하고 나주 대신에 목포에 스테이션을 설치하기로 하였다. 벨과 레이놀즈가 1897년에 만복동(양동)에 스테이션을 개척하였다. 전남의 새로운 행정수도가 된 광주에 호남의 네 번째 남장로회 스테이션이 1904년에 세워졌다. 이어 남해안 선교의 교두보이자 호남의 마지막 스테이션인 순천 스테이션 설립이 1909년 결정되고 1913년에 설립되었다.

모든 선교사들은 스테이션에 소속되어 있었고, 스테이션을 중심으로 선교사들의 선교활동과 일상활동이 진행되었다. 스테이션에 따라 근무여건이 달라졌기 때문에 선교사들에게 어느 스테이션에 배치되느냐는 민감한 사안이었다. 스테이션들은 더 많은 예산과 선교 인력을 확보하기 위해 서로 경쟁하는 관계에 놓여있기도 했다.[14]

한국에 파견된 남장로회 선교사들은 한국에서 원활한 선교활동을 하기 위해 한국어능력 시험을 통과해야 했다.[15] 한국선교부 언어위원회는 신임선교사들의 언어능력을 테스트하는 일을 맡았다. 신임선교사들은 보통 서울 언어학교에서 1년 과정을 이수하고, 별도로 연례회의 때마다 3년에 걸쳐 구술과 쓰기시험을 통과해야 했다. 시험과목은 1년차에는 '초학언문', '마가복음 1장'을 번역하여여 한글로 읽기 등 3개 과목, 2년차에는 '구세진쥬', '장원양우상론'등 11개 과목, 3년차에는 '성경문답', '성경도설' 읽기 등 10개 교과였다. 이 한국어 능력시험은 신임선교사들뿐만 아니라 선교사 부인들에게도 큰 부담이었다.

한국선교부는 남장로회 선교사들이 선교활동에 전념할 수 있도록 적

---

14) 송현강(2008), 앞의 논문, 251쪽.
15) 송현강(2008), 앞의 논문, 272쪽.

지 않은 임금을 책정하였다.[16] 1906년에서 1917년 사이 기혼 선교사들의 연봉은 1,150불이었다. 미성년 자녀가 있을 경우 1명당 100불이 추가되었다. 미혼의 독신 선교사들 연봉은 600불이었다. 1918년부터 선교사들 연봉이 상승하기 시작하여, 1918년 기혼선교사 1,350불(미혼 700불), 1920년 기혼선교사 1,625불(미혼 900불), 1921년 기혼선교사 2,000불(미혼 1,000불)이 되었다. 1911년 당시 미국 은행원의 평균 연봉이 600불이라는 점을 고려하면, 남장로회 선교사들의 연봉수준은 높은 수준이었다. 이외에도 주택을 무료로 제공받았고, 순회비용을 지급받았다고, 여름휴가수당을 받으면서 지리산 휴양지를 비용을 내지 않고 이용할 수 있었다.

III. 순천 스테이션의 설치

순천은 전통시대 전라 좌도의 중심지이자 전라도 5대 도시의 하나였다. 유교 전통이 강한 순천에서 외래종교인 기독교가 쉽게 접근하기 어려웠다.[17] 순천은 연산군때 유배되었던 김굉필의 유교사상의 영향을 받아 최산두, 유계린, 최부, 조광조, 김안국, 김인후, 유희춘, 기대승, 이발 등으로 이루어진 '호남사림(湖南士林)' 전통 속에 있었다. 순천의 유학전통은 순천향교와 김굉필 위패를 모신 옥천서원(玉川書院)을 중심으로 이어졌고, 대원군의 서원철폐령에도 옥천서원, 청수서원, 겸천서원, 곡수서원, 오천서원, 옥계서원, 용강서원, 율봉서원, 이천 서원 등 많은 서원들이 지속되었다.

---

16) 송현강(2008), 앞의 책, 271쪽.
17) 이덕주, 「일제강점기 순천 선교부와 지역사회」, 『순천대 인문학연구소 학술대회 자료집: 전남동부지역 기독교선교와 한국사회』, 2017.8, 6쪽.

이러한 상황 속에서 순천지역의 기독교는 선교사들에 의한 직접적 선교보다는 선비 출신의 한국 기독교인들의 전도를 통해서 자생적으로 성장하기 시작하였다. 1909년 순천 스테이션 설립 결정 이전에 순천을 비롯한 전남동부지역에 이미 10여개의 교회들이 설립되었음이 이를 잘 말해준다.[18] 1909년 무렵 순천을 방문했던 벨과 프린스톤은 순천지역에 상당히 많은 교인들이 모여 예배를 드리고 있음을 직접 보기도 하였다.[19] 이런 자생적 지역교회 성장을 목격한 벨과 프린스톤은 1909년 7월 개최된 군산의 남장로회 한국선교본부 제18차 연례회에서 순천 선교부 개설을 제안하였다.

> 순천에 선교부를 시급하게 개설해야 할 필요성은 아무리 강조해도 지나침이 없습니다. 순천 사역은 전망이 밝아 그곳에 파견될 새로운 사역자들은 풍성한 결실을 거두는 행복을 느끼게 될 것입니다. 왜냐하면 순천 근방의 모든 곳에 마음과 힘을 다하여 사역에 동참하려는 토착 교인들이 널려있기 때문입니다.[20]

이러한 제안을 남장로회 한국선교본부가 수용하여 순천스테이션 설립과 21,450달러 규모의 예산안을 결의하였다.[21] 한국선교본부는 1910년에 니스벳(John Samuel Nisbet, 유서백), 프레스톤(John F. Preston: 변요한), 윌슨(Robert M. Wilson: 우월순), 해리슨(William B. Harrison, 하위렴)으로 4인으로 순천스테이션 개설 준비 위원회를 만들었

---

18) 조선예수교장로회, 『朝鮮耶蘇敎長老會年鑑』, 조선예수교장로회총회, 1940. 493-497쪽.

19) 조지 톰슨 브라운, 천사무엘·김균태·오승재 공역, 앞의 책, 133쪽.

20) J. C. Crane, "The Evangelistic Work of Soonchun Station", *KMF* Jul. 1936, p. 136.

21) J. C. Crane, "The Evangelistic Work of Soonchun Station", *KMF* Jul. 1936, p. 136.

다. 그러나 코잇과 프레스톤 두 사람이 직접 순천 현장을 방문하였다.

　　새로운 스테이션 답사 위원회를 구성하여 샅샅이 답사한 다음에
순천(Syenchun)을 결정하였다. …… 코잇과 프레스톤은 2주간에 걸
친 여행을 통하여 새 스테이션의 타당성을 타진하였다. 코잇은 이렇
게 결론 내렸다. "60마일 떨어진 곳을, 수많은 산과 골자기를 넘어
야 하는데, 광주에서 돌보기는 불가능하다. 순천을 중심으로 22개
교회가 있는데, 이는 광주보다도 2배가 더 많다. 프레스톤이 현재와
같이 돌본다면 건강을 해칠 것이다. 그는 지난 여행에 매우 지쳐 있
었다. 의사는 그에게 몸을 돌볼 것을 명령했다. 오웬(Dr. Owen)은
건강을 무리함으로써 그렇게 되었다.[22]

　　순천 스테이션 설립은 예산과 선교사 인력확보문제로 인해 4년의 시
간이 필요했다. 순천 스테이션 개설을 위한 예산 항목은 토지 구입비
2천 달러, 사택 4채 건축비 9,200달러, 시약소 건축비 1,200달러, 기
숙사(2채) 건축비 1,500달러, 울타리 건축비 300달러, 우물 파기 250달
러, 병원 건축비 5,000달러, 병원 설비비 2,000달러, 총 21,450달러
였다.[23]

　　1910년 10월 광주에서 개최된 남장로회 한국선교본부 연례회의는
광주 스테이션 소속의 프레스톤과 코잇을 순천 스테이션 개척 선교사
로 임명하였다.[24] 프레스톤과 코잇은 1910년에 김윤수와 김억년을 통
해 순천읍성 북쪽에 10에이커(2만여 평) 땅을 구입하여 선교 부지를 확

---

22) Rev. R. T. Coit, A New Station in Korea, The Missionary, Sept. 1910, pp. 468–
　　469.

23) Minutes of Annual Meeting of the Southern Presbyterian Mission in Korea(이하
　　MAMS) 1909, p. 30, pp. 38–39.

24) MAMS 1910, pp. 21–23, p. 31, p. 43.

보하였다.[25] 매곡동의 순천 스테이션 소유 토지는 대지가 10,038평, 논이 1,609평, 밭이 15,502평 등 총 27,149평이었다. 코잇은 이러한 사실을 1912년 10월에 다음처럼 보고하였다.

> 순천 스테이션은 10에이커의 땅을 샀으며, 이곳에는 이미 교회가 하나 있으며, 20여개 처 시골 모임처가 있다. … 순천 스테이션은 $2,000에 조금 부족하게 샀는데, 지금은 $6,000 이상이다. 스테이션 부지를 통과하여 세 개의 시내가 흐른다. 우리는 스테이션에서 찾아낸 회색 화강석으로 건물을 지을 예정이다.[26]

순천 매곡동 스테이션부지에 다양한 선교시설들이 들어서게 된다. 선교사 사택, 매산학교, 매산여학교, 성경학원, 순천읍교회, 안력산병원, 진료소 등이 스테이션지에 세워지게 된다. 이 시설들이 어디에 들어섰는지는 1924년 당시 조선총독부에 등록된 순천 스테이션 소유 토지목록을 보면 알 수 있다.[27] 토지 소유자는 대부분 코잇 소유로 등록되어 있고, 한건만 비거(Meter Biggar) 이름으로 등록되어 있다.

지번	지목	지적(평)	평가액(원)	소유자	취득연도	비고
매곡리 147-1	垈	2,971	1,200.00	Robert L. Coit	1911년	매산학교 부지
166	〃	4,284	1,800.00	〃	〃	매산여학교 부지
176	〃	30	12.00	〃	〃	

---

25) G. T. Brown, Mission to Korea, p. 92;『朝鮮耶蘇教長老會史記』上, 279쪽.

26) The Editor, Korea Mission, The Missionary, May, 1911, pp. 240-241 and Rev. Robert Coit(Letter to Mr. Cameron Johnson, A Note of Cheer from Korea, The Missionary, October. 1912, pp. 908-909.

27) "財團法人米國耶蘇教南長老派朝鮮宣教會維持財團財産目錄",『朝鮮總督府 基督教 財團法人 關係資料』, 1924.

지번	지목	지적(평)	평가액(원)	소유자	취득연도	비고
177	〃	139	56.00	〃	〃	
180	〃	964	390.00	〃	〃	
211	〃	419	170.00	〃	〃	
162	田	4,313	1,100.00	〃	〃	선교사 사택부지
165	〃	685	290.00	〃	〃	성경학원 부지
167	〃	2,283	600.00	〃	〃	안력산병원 부지
178	〃	2,114	530.00	〃	〃	
179	〃	5,796	1,510.00	〃	〃	
142-2	畓	1,163	330.00	〃	1912년	진료소 부지
143	垈	207	83.00	〃	〃	순천읍교회 부지
75	〃	184	80.00	Meta Biggar	1913년	
58	〃	840	340.00	Robert L. Coit	〃	
59	畓	446	190.00	〃	1914년	
53	田	48	5.00	〃	1915년	
32	〃	122	20.00	〃	1918년	
57	〃	231	33.00	〃	〃	

순천스테이션 부지 27,149평은 군산 스테이션이나 목포스테이션 개설 당시에 비해 상대적으로 대규모였다. 군산 스테이션은 군산구암동에 3천여평 부지를 확보하였고, 목포 스테이션은 목포 만복동(양동) 언덕에 2에이커(약 2,500평)을 매입하면서 시작하였기 때문이다.[28] 그러나 광주 양림동에 6만여평 스테이션 부지를 구입했던 광주스테이션보다는 작은 규모이었다.

스테이션 부지에 교회, 교육시설, 의료시설 관련 선교건물을 짓는데는 많은 비용이 필요했다. 이러한 비용확보에 프레스톤이 결정적인

---

28) 이덕주, 앞의 논문, 4쪽.

기여를 하였다. 프레스톤은 순천 스테이션 건물신축 및 시설비용과 선교사확보를 위해 2011년 미국으로 귀국 방문하였다. 프레스톤은 한국 선교를 지원하고 있는 프래트(Charles H. Pratt, 안채륜) 목사와 "The Korea Campaign"이라는 이름으로 미국을 순회하면서 보고강연회를 진행하였다. 그 와중에서 사우스캐롤라이나 주 평신도 지도자 그레이엄 소개로 노스캐롤라이나 주 더럼(Durham)의 기업인 왓츠(George W. Watts)를 알게 되었다. 왓츠는 순천 스테이션 전체 건설 및 운영비용을 지원해달라는 프린스턴의 요청을 받아들여 매년 1만 3천 달러를 지원한다고 약속하였다.

이에 한국 남장로회 선교회는 순천스테이션 개척에 박차를 가하였다. 순천 스테이션은 세워지면서 완벽한 형태로 시작된 최초의 남장로회 한국 스테이션이었다. 코잇은 순천 스테이션 건설과정을 1913년에 다음처럼 보고하였다.

> 나는 건축 공사가 시작한 순천에서 광주로 방금 돌아왔다. ……
> 모든 건축을 스테이션 내에 있는 돌산으로부터 캐낸 회색 화강암으로 지을 것이다. 이 돌들은 1피트 평방에 미화 12센트로 짓는다. 이 것은 벽돌 값과 맞먹는 가격이다. …… 이제는 우리가 샀던 값의 3배를 지불하더라도 살 수 없게 되었다.[29]

브라운도 순천 스테이션이 건설되는 과정 전체를 뒤에 다음처럼 체계적으로 묘사하였다. 이를 보면 순천 스테이션 건설과정에서 지역뿐만 아니라 미국 건축자재도 사용되었고, 중국과 일본 기술자들이 한국 일꾼들과 함께 참여했다는 사실을 알 수 있다.

---

29) Robert T. Coit, The Building of Soonchun Station, The Missionary, February 1913, pp. 265-266.

시작하자마 전체 스테이션이 완전히 지어지고 직원이 채워지는 역사는 선교사상 유일한 경험이었다. 중국, 일본, 한국의 일꾼들이 돌을 다듬고 노무자들이 일하면서 노래를 부르며, 다듬은 돌들을 산 밑으로 운반했다. 150~200파운드가 나가는 짐들을 한 사람이 한 짐씩 지고 30마일이나 되는 산길을 넘어 날랐다. 미국에서 보내온 시맨트와 건축자재는 3마일 쯤 떨어진 포구에 있는 배에서 하역되었다. 인구가 늘고 교회와 학교가 생겼다. 이렇게 해서 순천 스테이션은 '현실 속에서 활짝 피어오르게' 되었다.[30]

프레스톤은 1912년 선교회 연례회의에서 순천 스테이션으로 이임되었고, 1913년 4월에 순천 스테이션으로 이사 왔다.[31] 프레스톤이 순천 스테이션 건설 총책임을 맡았다.[32] 먼저 선교회는 1912년부터 '건축선교사' 스와인하트(R. Swinehart, 서로덕)를 보내 선교사 사택과 양관을 짓기 시작했다. 1912년부터 시작된 스와인하트의 건축 공사는 해를 넘겨 1913년 봄이 되어 어느 정도 윤곽을 드러냈다. 1914년 선교회 연례회의에서 순천 스테이션에 남학교, 여학교, 병원 설립이 승인되었다. 순천스테이션 지역에 선교사 주택, 순천읍교회(현 순천중앙교회), 남학교(현 매산학교), 남학교 기숙사, 여학교(현 매산여학교), 여학교 기숙사, 병원(알렉산더 병원) 등이 들어서면서 순천 선교구가 근대적 외양을 드러내었다. 왓츠의 재정지원 덕으로 순천 스테이션은 전국에서 처음으로 자체 전기와 수도시설을 지닌 가장 시설 좋은 스테이션으로 건

---

30) 조지 톰슨 브라운, 천사무엘·김균태·오승재 공역, 앞의 책, 136–137쪽.

31) 최영근, 「남장로교 선교사 존 페어멘 프레스톤(John Faiman Preston, Sr.)의 전남 지역 선교에 관한 연구」, 『장신논단』 48-1, 2016.3, 99쪽.

32) 순천 선교부 건축팀은 역할분담되어 운영되고 있었다. 밀러(Louis B. Miller)는 제도를, 코이트가 재무와 회계를, 프레스톤이 건축설계와 시공을 담당하고 있었다.(Rev. and Mrs. J. F. Preston, "A Year's Work," The Presbyterian Survey (October 1929), p. 610.

설되었다.[33]

이어 순천 스테이션에서 활동할 선교사들을 분야별로 결정하여 파견하였다. 교육선교분야에 남학교를 담당할 크레인(John C. Crane, 구례인)과 여학교를 담당할 더피(L. Dupuy, 두애란)를, 병원선교분야에 의사 티몬스(H.L. Timmons, 김로라)와 간호사 그리어(Anna L. Greer, 기안나), 여성 선교분야에 비거(M. Biggar, 백미다)를, 주일학교 분야에 프래트를 파견하였다.[34]

분야	직분	이름	한국도착	순천선교부 재직기간
복음	목사	John F. Preston (변요한)	1903(목포)	1913~1940
		Robert T. Coit(고라복)	1910(광주)	1913~1934
		Charles Henry Pratt(안채윤)	1912(순천)	1913~1918
	여성/아동	Meta L. Biggar(백미다)	1910(광주)	1913~1952
의료	의사	Henry L. Timmons(길로라)	1912(광주)	1912~1926
	간호사	Anna L. Greer(기안라)	1912(광주)	1913~1935
교육	남자학교	John C. Crane(구례인)	1913(순천)	1913~1956
	여자학교	Lavalette Dupuy(두애란)	1912(광주)	1913~1915 1915~1948(군산)

IV. 순천 스테이션의 운영

미국 남장로회 한국선교부와 순천스테이션은 상호 밀접한 관계를 지니고 있다. 한국선교부는 1982년 7명의 선교사를 시작으로 하여 1941년 잠정해산 될 때까지 미국남장로회 한국선교를 총괄하던 회의체 선교기

---

33) J. Kelly Unger, "The City of Soonchun", *KMF* Nov. 1925, p. 249.

34) J. C. Crane, "The Evangelistic Work of Soonchun Station," *KMF*, Jul., 1936, 136;
   G. T. Brown, Mission to Korea, pp. 94-95.

구였다.[35] 모든 선교사들은 선교부의 정회의원으로서 의결권을 행사할 수 있었다. 한국 선교부 조직구성은 임기 1년의 선출직 임원들과 실질적인 선교사무를 처리하는 위원회(committee)들로 구성되어 있다. 선출직 임원에는 회장(chairman), 총무(secratary), 회의록서기(recording secretary) 등이 포함된다. 1922~1923년경 한국 선교부는 15개 위원회, 2개 특수위원회, 6개 연합기관 대표를 두고 있었다.[36] 선교사들은 자신의 능력에 맞는 위원회에 배치되어 활동하였다.

순천스테이션은 목포나 군산 스테이션처럼 전도, 시설, 예산, 인력 등을 한국선교부로부터 배정받았다.[37] 순천스테이션과 관련된 중요한 결정은 선교부 연례회의(Anuual Mission Meeting) 분과위원회와 전체회의에서 결정되었다. 한국에 있던 남장로회 선교사들의 총회인 선교부 연례회의(Annual Mision Meeting)가 매년 여름 10일 동안 개최되었다. 이 회의에서 각 스테이션의 선교, 교육, 운영등과 관련 된 사항들이 다양한 분과위원회와 전체회의를 거치면서 논의되고 결정되었다. 순천스테이션도 선교부 연례회의에 참여하기도 하고 순천에서 개최하기도 하였다. 1918년 6월 20일에서 28일 사이에 순천에서 연례회의가 열렸고, 팹키(Wsr. P. Pabkee)가 『The Missionary Survey』 1920년호에 이 연례회의에서 진행된 복음선교, 교육선교, 의료선교 등에 대한 경과보고와 결정내용을 잘 담아 보고하였다.[38]

---

35) 송현강(2008), 앞의 논문, 261-262쪽.
36) 위원회에는 공천위원회, 전도위원회, 인사위원회, 재정위원회, 재산위원회, 의료위원회, 언어위원회, 교육위원회, 규칙위원회, 성서위원회, 선교사자녀교육위원회, 나병위원회, 출판위원회, 임시위원회, 도서실위원회 등이 있다.
37) 송현강(2008), 앞의 논문, 262-263쪽.
38) Wsr. P. Pabkee, "Report of Southern Presbyterian Mission Meeting, held at Soonchun, Chosun, June 20~28, 1918," The Missionary Survey, 1920, pp. 15-17.

순천 스테이션은 1920년대 들어서도 지속적인 발전을 이룩했다. 순천 스테이션 발전의 배경에는 프레스톤이 확보한 왓츠의 지속적인 후원이 있었다. 왓츠는 약속한 선교사 생활지원비 외에도 특별헌금을 자주 하였다. 1920년에 순천매산학교 재건을 위한 기부금과 1930년 병원과 학교 시설비 8만 불을 기부한 사실들을 들 수 있다. 왓츠 사망 이후에도 부인을 통해 순천 스테이션 비용이 지원되었다. 이를 보면 순천 스테이션 건설과 운영에 있어 왓츠의 선교 지원금이 매우 큰 비중을 차지하였음을 알 수 있다.[39]

프레스톤은 1936년 7월에 선교사 영문잡지 순천특집호에서 순천 선교부와 순천지역 교회의 발전배경을 다음처럼 설명하고 있다.

> 순천 스테이션의 특징적인 면은 첫째, 처음부터 충분한 인력을 갖춘 상태에서 개설되었으며 그런 상태를 계속 유지하고 있다는 점이다. 지금 순천 스테에션 안에 주재 선교사가 15가족에 이른다. 둘째, 충분한 시설을 갖춘 상태로 개설되었다. 스테이션 시설들은 왓츠가 별세한 후에도 그 미망인이 보내준 기금으로 계속 보충되었다. 그 외에도 여러 곳에서 선물이 들어와 병원 건물과 설비 등을 마련했다. 이런 식으로 개설된 순천 스테이션였기에 순천 지역에서 교회는 급속한 변화와 발전을 이룩할 수 있었다.[40]

순천 스테이션은 안정적인 재정지원에 근거한 선교 시설과 인력에 힘입어 짧은 기간 동안에 급성장할 수 있었다. 이는 순천 스테이션 설립 4년 뒤인 1917년 당시 한국 남장로회 소속 각 스테이션별 교세 통계 상황을 보면 잘 드러난다. 4년밖에 되지 않은 순천 스테이션이 20년

---

39) "Soonchun", The Korea Mission Yearbook, pp. 106-108.
40) J. F. Preston, "Introduction", KMF, Jul. 1936, p. 135.

된 군산이나 목포 스테이션 못지않은 성과를 보이고 있기 때문이다.[41] 교인 숫자 면에서 순천스테이션은 세례교인 1,148명과 등록교인 2,459명으로 목포스테이션의 세례교인 1,266명과 등록교인 2,947명과 비슷한 규모를 지니고 있다. 더욱이 미래 성장동력인 주일학생 수에서 순천 스테이션이 2,300명으로 1,149명의 목포스테이션, 1,913명의 군산스테이션, 2,050명의 전주스테이션, 2,273명의 광주스테이션을 모두 뛰어 넘는 대단한 성과를 보였다는 점은 주목할 만하다.

선교부	지역	전주	군산	목포	광주	순천	합계
	개설연도	1896년	1896년	1898년	1905년	1913년	
사역자	선교사	21	13	14	19	12	89
	한국인	31	13	27	23	14	108
교회	조직교회	14	7	6	5		32
	미조직교회	147	73	56	81	48	405
교인	세례교인	2,376	1,700	1,266	1,348	1,148	7,838
	등록교인	4,468	3,691	2,947	3,222	2,459	16,787
교육선교	주일학교	71	40	37	59	37	244
	주일학생	2,050	1,913	1,149	2,273	2,300	9,685
	매일학교	18	16	14	17	15	80
	매일학교학생	496	412	470	592	352	2,322
의료선교	병원	1	1	1	1	1	5
	시약소	2	4	2	2	2	12
	진료회수	15,320	38,311	16,677	21,037	6,981	98,326
	진료비(달러)	3,223	8,301	2,142	2,930	1,513	18,109

1920~1930년대 순천스테이션은 복음전도, 교육선교, 의료 선교 등 크게 3분야를 중점적으로 추진하였다. 교육선교는 매산학교와 매산여학교를 통해 진행되었고, 의료선교는 알렉산더 병원과 진료소를 중심

---

41) "Korea Mission Stations", ARFM, 1917, pp. 82–83.

으로 진행되었다.[42] 교육선교와 의료선교는 결과적으로 기독교를 널리 알린다는 점에서 복음전도와 밀접한 연관관계를 지니고 있다.

순천 스테이션이 복음전도는 다양한 형태로 적극적으로 진행되었다. 선교사들은 단기성경학교, 여자성경학교를 세워 복음전도의 조력자들을 양성하였다. 순천 여자성경학교에서 교육받은 여성들은 전도부인과 지방교회 주일학교 교사로 활동하여 순천스테이션의 영향력을 넓히는 데 크게 기여했다. 또한 순천 스테이션은 '확장주일학교(Extension Sunday School)' 운동을 프레스톤을 중심으로 활발하게 전개하였다. 1918년에 순천스테이션 관할지역에 44개 주일학교를 설립하여 1천여명에게 한글, 성경, 창가, 수학 등을 가르쳤다. 크레인은 순천지역 확장주일학교의 성공담을 1936년 선교보고에서 자랑스럽게 보고하였다.

> 지방의 교회 부속학교 학생들과 목회자들에 의해 꾸준히 진행되고 있는 확장주일학교 운동은 순천읍과 근방 지역에 새로운 신도 모임을 만들었을 뿐 아니라 젊은 남녀 청년들을 지방으로 내보내 시골에서도 비슷한 운동이 전개되고 있다. 한 곳에서는 십여 명의 남자 청년들만 모이고 있었는데 전도부인 한 명이 그 곳에 가서 확장주일학교 운동을 벌인 결과 스무 명의 여자 청년들이 합류하였다. 순천 선교부 안에 있는 소학교를 다니던 학생 한 명이 시골에 가서 전도한 결과 모두 여섯 개 마을에 주일학교가 설립되었고 교회도 설립되어 교인들로 가득 찼다.[43]

순천 스테이션의 활발한 복음전도로 전남지역 기독교가 빠르게 성장하였다. 빠른 성장으로 인해 1917년 전라노회의가 전북과 전남 노회로

---

42) 한규무, 「미국남장로회 순천스테이션의 교육선교와 매산남녀학교」, 『남도문화연구』 15, 2008.12.

43) J. C. Crane, "The Evangelistic Work of Soonchun Station", *KMF* Jul. 1936, p. 138.

분할되었다. 분할 이후에 전남 노회는 계속 성장하여 선교사 14명, 목사 11명, 장로 72명, 입교인 4,561명, 총교인 13,882명, 조직교회 44개, 미조직교회 164개, 기도처 143개, 예배당 163 개가 되었다.

전남노회가 순천노회를 중심으로 성장하였기에 1922년 9월 14일에 조선예수교장로회 제11회 총회에서 전남노회와 순천노회로 나누어졌다. 순천노회에는 구례, 곡성, 순천, 광양, 보성이 포함되고, 전남노회에는 장성, 영광, 광주, 나주, 고창, 순창, 담양, 화순, 함평, 무안, 장흥, 영암, 강진, 완도, 진도, 제주, 해남이 포함되었다.[44] 순천노회는 도단위가 아닌 노회로는 전국에서 두 번째로 세워졌다.[45] 순천스테이션과 순천노회 상호협력을 통해 순천을 비롯한 전남동부지역 교회들이 계속 성장하였다. 순천 스테이션 설립이후 약 26년이 지난 1939년에 순천노회 교세가 99개 교회와 7,000여명의 등록신도로 성장하였다.[46]

연도	선교사	목사	장로	입교인	총교인	조직교회	미조직교회	예배당
1923	3	5	24	216	4,684	15	25	60
1929	4	9	23	1,803	10,121	13	9	80
1934	15	12	26	2,232	6,523	15	12	84
1939	13	13	47	2,381	6,825	12	12	99

44) 〈조선예수교장로회총회 제11회 회록〉 1922, pp. 41-42.
45) 군 단위 명칭을 사용한 노회로는 1918년 평북의 의주노회가 처음이고 1922년에 순천노회와 함께 평남의 안주노회와 평양노회가 조직되었다. 『朝鮮耶蘇敎長老會年鑑』, 1940, pp. 73-83.
46) 〈조선예수교장로회 총회 회록〉 1923-1939.

V. 맺음말

이상으로 미국남장로회의 호남선교정책, 순천 스테이션의 설치 및 운영에 대해 살펴보았다. 순천 스테이션은 호남의 다른 4개 스테이션에 비해 늦게 설립되었지만, 충분한 재정확보 속에 체계적으로 최고 시설로 설립되었다. 또한 대한제국이 멸망한 이후에 설립되면서 순천 스테이션의 파급력은 다른 지역에 비해 더 컸다. 이는 군단위에서 최초로 순천노회가 설립되었다는 점에서 잘 확인된다.

이글에서 순천스테이션이 어떻게 구체적으로 운영되었는가와 순천 스테이션이 전남동부지역 사회와 어떠한 상호연관관계를 맺었는지가 심도 깊게 다루어지지 못했다. 순천 스테이션의 구체적 운영과 관련해서는 차후에 순천스테이션 보고서와 관련 미국남장로회 한국선교부 회의록 등을 통해 보완해나갈 필요가 있다. 또한 순천스테이션과 지역사회와의 상호관계는 한국 근대사연구자들과의 공동협업을 통해 지속적으로 밝혀 나갈 필요가 있다.

〈참고문헌〉

에너벨 메이저 니스벳, 한인수역, 『(미국남장로교 선교회의) 호남선교 초기역
　　사: 1892-1919)』, 경건, 2011.
조선예수교장로회, 『朝鮮耶蘇教長老會年鑑』, 조선예수교장로회총회, 1940.
조선예수교장로회, 『조선예수교장로회 총회 회록』, 1923-1939.
조지 톰슨 브라운, 천사무엘·김균태·오승재 공역, 『한국선교이야기: 미국 남
　　장로교 한국선교역사(1892-1962)』, 동연, 2010.
주계명, 정복량 편, 『미국남장로교 한국선교 100주년 기념대회 보고서』, 한국
　　장로교출판사, 1993.

강성호, 「미국 남장로회의 호남선교: 연구동향을 중심으로」, 『한국기독교와 역
　　사』, 49, 2018.9.
강성호, 「미국 남장로교의 한국선교부의 순천 스테이션 설치와 운영」, 『2019년
　　국립순천대 인문학술원 학술대회: 전남동부지역 기독교 기관과 지역사
　　회』, 2019.5.
김수진, 「호남지방 교회의 역사: 호남지방 선교 초기부터 해방 전후까지」, 『한
　　국기독교와 역사』 3, 1994.12.
송현강, 「'미국 남장로교 한국선교부'의 목포 스테이션 설치와 운영(1898-
　　1940)」, 『종교연구』, 53, 2008.12.
송현강, 「대전스테이션 연구」, 『고고와 민속』 14, 2011.
송현숙, 「호남지방 미국 남장로교의 확산, 1892-1942)」, 고려대학교 대학원
　　박사학위논문, 2011, 2011.
송현숙, 「호남지방 기독교 선교기지 형성과 확산에 관한 연구」, 『한국기독교와
　　역사』 19, 2003.8.
윤정란, 「전남 순천지역 기독교의 수용과 확산」, 『숭실사학』 26 (2011.6).
이덕주, 「일제강점기 순천 선교부와 지역사회」, 『순천대 인문학연구소 학술대
　　회 자료집: 전남동부지역 기독교선교와 한국사회』, 2017.8.
이재운·정석동, 「군산선교부에 대한 연구」, 『역사와 실학』 55, 2014.11.

차종순, 「미국 남장로교 한국선교사 연구 1」, 『신학이해』 35, 2008.

최영근, 「남장로교 선교사 존 페어멘 프레스톤(John Faiman Preston, Sr.)의 전
  남지역 선교에 관한 연구」, 『장신논단』 48-1, 2016.3.

한규무, 「미국남장로회 순천스테이션의 교육선교와 매산남녀학교」, 『남도문화
  연구』 15, 2008.12.

Crane, J. C., "The Evangelistic Work of Soonchun Station," *KMF*, Jul., 1936.

Coit, Rev. R. T., A New Station in Korea, *The Missionary*, Sept. 1910.

Coit, Robert T. The Building of Soonchun Station, *The Missionary*, February
  1913.

Minutes of Annual Meeting of the Southern Presbyterian Mission in Korea,
  1909, 1910.

Pabkee, Wsr. P., "Report of Southern Presbyterian Mission Meeting, held at
  Soonchun, Chosun, June 20~28, 1918," *The Missionary Survey*, 1920.

Preston, J. F., "Introduction", *KMF*, Jul. 1936.

Preston, Rev. and Mrs. J. F., "A Year's Work," *The Presbyterian Survey*
  (October 1929).

Unger, J. Kelly, "The City of Soonchun", *KMF* Nov. 1925.

전남 순천노회의 역사와
역사적 정체성의 정립과정[*]

윤정란

I. 머리말

　전라남도 순천은 주변 고을로부터 양반 고을로 알려진 지역이었다. 그랬기 때문에 이곳 지역민들은 토착 종교와 문화에 대한 자부심이 매우 강하였다. 이러한 지역적 특성을 지닌 순천에 서양인이 나타난 것은 1894년 4월경이었다. 그 서양인들은 미국 남장로교 선교사인 레이놀즈(W. D. Reynolds)와 드류(A. D. Drew)였다. 이 때 처음 기독교가 전파되는 계기가 되었다.[1]

　4년 후인 1898년 테이트(L. B. Tate)가 순천을 방문하여 장터에서 전도지를 배포한 바 있으며, 1904년 개설된 남장로회 광주선교부가 순천지역을 관할하게 되었다. 그래서 오웬(C. C. Owen) 선교사가 이 지역을 담당하면서 1905년 지원근 조사를 순천에 파견하였다.

---

* 순천대 남도문화연구소에서 발간하는 학술지 『남도문화연구』 38(2019년)에 실린 논문인 「근현대 전라남도 순천노회의 역사와 역사적 정체성의 정립과정」을 재게재한 글이다.

1) 순천시사편찬위원회, 『순천시사: 문화예술편』, 1997, 657쪽.

내한선교사들이 순천에 기독교를 전파하기 위해 노력하는 가운데 교회는 지역 출신의 전도인들에 의한 전도에 의해 설립되기 시작했다. 1906년부터 남장로회 한국선교회에서 순천에 선교지부 개설을 결정하기 전인 1909년까지 순천군내에 낙안군 평촌교회, 용당교회, 송광면 신평리교회, 별량면 이미교회, 황전면 대치리교회, 서면 구상리교회, 순천읍교회 등이 잇달아 세워졌다. 순천 주변의 고흥, 보성, 곡성, 구례, 여수, 광양 지역 등에 설립된 교회까지 모두 합하면 30개가 넘었다.[2]

1909년에 설치된 남장로교 선교부는 1913년 순천에 선교지부를 설치하였다. 순천 선교지부에서는 교육기관으로 매산학교와 매산여학교, 의료기관으로 안력산병원 등을 설립하여 운영하였다.[3]

순천에 선교지부가 설치된 이후 교세는 꾸준하게 성장하여 이 지역은 전라남도 동부지역의 기독교 중심지가 되었다. 순천은 조선예수교장로회의 전라노회에 소속되어 있었다. 그러다 교세가 성장하자 1917년 전라노회는 총회의 승인을 얻어 도경계를 기준으로 전북노회와 전남노회로 분립되었다. 순천노회는 전남노회에 속하였다. 다시 교세가 확대되자 1922년 전남노회에서는 총회에 순천노회의 설립을 청원하였다. 순천노회의 관할 구역은 구례, 곡성, 광양, 보성, 여수 등이었다. 일제강점기 순천노회의 관할 지역의 교세는 지속적으로 성장하였으나 일제 말기 순천노회를 주도하던 인물들이 일제의 식민지 종교정책에 저항하는 운동을 전개하다 체포되어 더 이상 노회를 운영할 수 없었다.[4]

2) 이덕주, 「미국 남장로교 순천선교부 활동과 순천지역사회」, 『2017년 국립순천대 인문학연구소 학술대회: 전남동부지역 기독교선교와 한국사회』, 순천대학교 인문학연구소, 2017, 40쪽.

3) 순천시사편찬위원회, 앞의 책, 660-661쪽.

4) 김승태, 「일제강점기 순천지역 신사참배반대운동과 순천노회 수난사」, 『2017년 국립순천대 인문학연구소 학술대회: 전남동부지역 기독교선교와 한국사회』, 순천대학교 인문학연구소, 2017, 41쪽.

광복 이후 순천노회는 재건했으나, 여순사건, 한국전쟁, 그리고 예수교 장로회의 통합파와 합동파 등의 분열이 잇달아 일어났다. 그럼에도 불구하고 지속적으로 성장하여 1980년 4월 22일 순천노회는 세 노회 즉 순천노회, 여수노회, 순서노회 등으로 분립되었고, 2006년 제88회 정기노회에서 순천노회는 다시 순천노회와 순천남노회로 분립되었다. 이와 같은 역사의 흐름 속에서 순천노회는 오늘에 이르렀다.[5]

그 동안 순천지역의 기독교와 관련해서 다양한 연구들이 진행되었다.[6] 최근 순천대학교 인문학연구원에서 두 차례에 걸쳐 순천지역 기독교의 수용과 발전에 관련된 학술대회를 개최한 바 있다. 미국남장로교의 한국선교, 순천지역의 기독교 수용, 순천기독면려청년회, 일제말기 순천지역 신사참배 반대운동과 순천노회 수난사, 해방 이후 순천지역 교회의 성장 등에 대해서 전반적으로 다루었다.[7] 이중에서 특히 주목할 만한 연구는 임송자의 순천기독청년면려회에 대한 연구였다.[8] 그동안 순천지역의 근대화 과정과 관련해 기독교가 미친 영향에 대해서는 어느 정도 연구성과가 축적되었다. 그런데 이 지역의 사회운동과 관련된 연구로까지는 나아가지 못했다. 그 부족한 부분을 메꾸어 준 것이 곧 이 연구였다.

---

5) 이홍술, 「해방 이후 순천지역 교회의 성장과 전망」, 『2017년 국립순천대 인문학연구소 학술대회: 전남동부지역 기독교선교와 한국사회』, 순천대학교 인문학연구소, 2017, 157-158쪽.

6) 자세한 연구성과에 대해서는 강성호, 「미국남장로교의 호남선교: 연구동향을 중심으로」, 『2017년 국립순천대 인문학연구소 학술대회: 전남동부지역 기독교선교와 한국사회』, 2017, 13-22쪽.

7) 순천대학교 인문학술원, 「2017 국립순천대 인문학연구소 학술대회: 전남 동부지역 기독교선교와 한국사회」, 2017; 순천대학교 인문학술원, 「2019 국립순천대 인문학술원 학술대회: 전남동부지역 기독교 기관과 지역사회」, 2019.

8) 임송자, 「순천기독면려청년회 활동과 순천청년회」, 『2019년 국립순천대 인문학술원 학술대회: 전남동부지역 기독교 기관과 지역사회』, 순천대학교 인문학술원, 2019, 107-122쪽.

순천지역 기독교와 관련된 연구 성과는 계속 축적되고 있지만 이 지역 기독교의 가장 중심적인 역할을 담당하는 순천노회에 대한 구체적이고 본격적인 연구로까지는 나아가지 못했다. 순천지역의 기독교 수용과 발전뿐만 아니라 이 지역의 근현대사를 이해하기 위해서라도 순천노회의 역사와 역사적 정체성이 반드시 분석 및 검토되어야 할 것이다. 본고는 이러한 의미에서 순천노회가 설립된 이후의 성장 과정과 그 과정에서 형성된 역사적 정체성에 대해 본격적으로 살펴보고자 한다.

II. 순천노회의 설립과 노회 소속 개인들의 일제 식민지 종교정책에 대한 저항

순천노회가 설립된 것은 1922년 10월 3일이었다. 전남노회에서 예수교장로회 제11회 총회에서 동년 9월 10일 분립 청원을 한 것이었다. 전남노회가 청원한 내용은 다음과 같았다.[9]

〈지경〉
1) 순천노회: 구례, 곡성, 광양, 보성, 여수
2) 전남노회: 장성, 영광, 나주, 고창, 순창, 담양, 화순, 함평, 무안, 강진, 완도, 진도, 해남, 제주

〈조직장소〉
1) 순천노회: 순천
2) 전남노회: 목포

〈조직회장〉
1) 순천노회: 곽우영 목사
2) 전남노회: 김창국 목사

---

9) 대한예수교장로회 순천노회, 『순천노회회의록』 제1집, 1986, 3쪽.

이 청원이 받아들여져 1922년 10월 3일 오후 3시에 순천읍 남성경
학교에서 순천 조직회가 개최되었다. 이 날 선교사 변요한, 고라복, 목
사 곽우영, 정태인, 조의환, 강병담, 장로로 김억평, 오영식, 서병준,
장기용, 이기홍, 김일현, 강현중 등이 참석하였고 임원으로는 회장 곽
우영, 부회장 변요한, 서기 강병담, 부서기 정태인, 회계 이기홍, 부회
계 조의환 등으로 결정되었다. 1922년부터 1945년 광복 이전까지 순
천노회를 이끌었던 임원들과 총회 총대는 다음 〈표 1〉과 같다.

〈표 1〉 순천노회를 주도했던 임원들과 총대들(1922년~1940년)[10]

연도(회)	장소	임원	총회총대	참석인원
1922 (창립)	순천읍 남성경학교	회장 곽우영, 부회장 변요한, 서기 강병담, 부서기 정태인, 회계 이기홍, 부회계 조의환		15명
1923 (1회)	광양읍예배당	회장 변요한, 부회장 정태인, 서기 조상학, 부서기 조의환, 회계 이기홍, 부회계 조의환	변요한, 조상학, 오석주	
1923 (2회)	순천읍예배당	〃	〃	20명
1924 (3회)	여수 장천교회예배당	회장 정태인, 부회장 곽우영, 서기 조의환, 부서기 오석주, 회계 오석주, 부회계 고라복	고라복, 정태인, 이기홍, 조의환	23명
1924 (4회)	순천읍예배당	〃	〃	16명
1925 (5회)	광양읍예배당	회장 조상학, 부회장 조의환, 서기 이기홍, 부서기 강병담, 회계 오석주, 부회계 최정의	구례인, 조의환, 한익수	37명
1925 (6회)	광양읍예배당	〃	〃	
1926 (7회)	순천읍예배당	회장 조의환, 부회장 오석주, 서기 강병담, 부서기 이기홍, 회계 오영식, 부회계 오석주	고라복, 강병담, 박희원, 오영식	

10) 위의 자료, 3-295쪽.

연도(회)	장소	임원	총회총대	참석인원
1926 (8회)	순천읍예배당	〃	〃	
1926 (9회)	순천읍예배당	회장 한익수, 부회장 강병담, 서기 이영희, 부서기 이기홍, 회계 조의환, 부회계 오석주	〃	
1927 (10회)	순천읍예배당	회장 강병담, 부회장 정태인, 서기 이영희, 부서기 김정복, 회계 조의환, 부회계 오석주	구례인, 강병담, 김영진	
1928 (11회)	여수 장천예배당	회장 오석주, 부회장 이영희, 서기 김정복, 부서기 이기홍, 회계 최정희, 부회계 고라복	변요한, 고라복, 오석주, 김정복, 이기홍, 강성봉	23명
1929 (12회)	고흥읍교회	회장 이영희, 부회장 김정복, 서기 오례택, 부서기 조상학, 회계 고라복, 부회계 조의환	변요한, 구례인, 이영희, 김정복, 오례택, 오석규	24명
1930 (13회)	순천성경학교	회장 김정복, 부회장 구례인, 서기 박경주, 부서기 오석주, 회계 오석주, 부회계 조의환	원가리, 구례인, 김정복, 양응수, 박경주, 오석규	22명
1931 (14회)	여수 장천예배당	회장 김응규, 부회장 양응수, 서기 황보익, 부서기 이기홍, 회계 오석주, 부회계 이영희	변요한, 김응규, 오석주	
1931 (15회)	여수 장천예배당	〃	〃	
1932 (16회)	순천읍예배당	회장 구례인, 부회장 양응수, 서기 선춘근, 부서기 김상두, 회계 오석주, 부회계 김정복	구례인, 양응수, 선춘근	
1933 (17회)	순천읍예배당	회장 이기풍, 부회장 황보익, 서기 김순배, 부서기 박창규, 회계 오석주, 부회계 원가리	구례인, 이기풍, 박창규	
1934 (18회)	순천성경학교	회장 이수현, 부회장 김형재, 서기 김순배, 부서기 김정귀, 회계 오석주, 부회계 김태호	원가리, 구례인, 이수현, 김순배, 김정기, 이형숙	28명
1935 (19회)	순천읍예배당	회장 김형재, 부회장 김순배, 서기 이기홍, 부서기 선춘근, 회계 오석주, 부회계 김정복	구례인, 김형재, 이기홍	
1936 (20회)	순천성경학교	회장 김영진, 부회장 김상두, 서기 김순배, 부서기 이기홍, 회계 오석주, 부회계 김정복	구례인, 변요한, 김순배, 김상두, 김영진, 백학영	31명

연도(회)	장소	임원	총회총대	참석인원
1937 (21회)	고흥읍예배당	회장 김상두, 부회장 황보익, 서기 오례택, 부서기 김순배, 회계 오석주, 부회계 김형재	원가리, 변요한, 김상두, 황보익, 오례택, 정문갑	38명
1938 (22회)	구례읍예배당	회장 오석주, 부회장 김순배, 서기 선재련, 부서기 정문갑, 회계 김형재, 부회계 김정복	변요한, 원가리, 선재련, 오석주, 김순배, 황보익, 정문갑, 백학영, 최정희, 김동혁	39명
1939 (23회)	순천성경학교	회장 박용희, 부회장 선재련, 서기 김형모, 부서기 정문갑, 회계 김형재, 부회계 김정복	박용희, 김형모, 신영욱, 목영석	
1940 (24회)	순천성경학교	회장 선재련, 부회장 김순배, 서기 김형모, 부서기 오례택, 회계 김형재, 부회계 이기홍	오석주, 김형모, 이기풍, 최학언, 정문갑	

위 표를 살펴보면 1922년 창립부터 1940년 제24회까지 노회 개최장소는 순천읍예배당, 광양읍예배당, 여수장천교회예배당, 고흥읍교회, 순천성경학교, 구례읍예배당 등이었다. 이중에서 가장 많이 개최된 장소는 순천읍예배당이었다. 그 다음으로는 순천성경학교에서 5회, 여수장천교회예배당에서 4회, 광양읍교회에서 3회, 고흥읍교회에서 2회, 구례읍예배당에서 1회 등이었다. 구례읍예배당에서 개최되었을 때는 순천노회에서 오석주, 김상두, 김순배 등에 의해 일제의 신사참배 강요에 적극적인 지지를 표명한 안건이 제출되었을 때였다.

노회가 가장 많이 개최되었던 순천읍예배당은 순천지방 기독교의 중심적인 역할을 한 교회였다. 조상학은 목포선교부의 선교사 오웬(Clement Carrington Owen)의 조사로서 목포, 송정리, 광주, 보성, 광양 등지에서 활동하다 1907년 월 순천지방 교인들과 함께 금곡동 향교 뒤 샘 부근 양사재를 빌려서 예배를 드리기 시작했다. 그러다 1908년 양사재를 일본군에서 빼앗기자 영동에 초가를 매입하여 예배를 시작하였다. 1909년 순천선교부가 설치되면서 1910년 3월에 매곡동에 20평 규모의 교회가 설립되었다. 이후 교인들이 증가하면서 교회는 성장하였고 순천의 대표적인 교회가 되었다.[11]

광양읍예배당은 1908년 설립되었다. 오웬과 조사 지원근, 배경수, 그리고 조상학 등이 와서 전도하였으나 성과가 없었다가 박응삼이 적극적으로 전도한 결과 김윤석, 박정진 등이 기독교신자가 되었다. 그들에 의해 광양읍교회가 설립되었다. 구례읍교회도 1908년에 설립되었다. 오현표가 외국에서 귀국하여 구세군이라 자칭하며 전도하여 신자가 백여명에 이르렀다. 60원을 모아 봉남리에 가옥을 매수하고 예배당으로 사용하였다. 의병전쟁으로 교인들이 흩어지고 교회는 일본군인이 점거하자 선교사 유진 벨(Eugene Bell)의 교섭으로 전도인 장현중과 집사 박호진에 의해 백련동으로 교회를 이전하였다.[12]

여수장천교회는 1907년에 설립되었다. 정태인, 지원근, 박원삼의 전도로 조의환, 이기홍, 지재한 등이 먼저 개종한 후에 전도하기 시작했다. 그 후 많은 사람들이 개종하게 되었다. 그들은 수천원을 모금하여 예배당과 학교를 신설하였으며, 조상학이 조사로 시무하였다.[13] 고흥읍교회는 1905년에 설립되었다. 선교사 오웬과 조사 오태욱의 전도로 신우구, 박용섭, 박무위, 이춘홍, 이정권 등이 개종하였고, 이어 사저와 서당에서 예배를 시작함으로써 설립되었다.[14] 지금까지 살펴본 교회들이 1905년부터 1908년 동안 순천지역에서 최초로 설립된 교회들이었으며 순천노회의 중심적인 역할을 담당했던 곳이었다고 할 수 있다.

---

11) 한국기독교역사연구소, 『조선예수교장로회사기』(상), 2000, 270쪽; 차종순, 「순천중앙교회의 태동과 발전」, 『2017년 국립순천대 인문학연구소 학술대회: 전남동부지역 기독교선교와 한국사회』, 2017, 123-129쪽.

12) 한국기독교역사연구소, 위의 자료, 262쪽.

13) 위의 자료, 257쪽.

14) 위의 자료, 170쪽.

순천노회를 운영했던 임원중에서 회장과 부회장으로 재직했던 인물은 위 〈표 1〉과 같이 강병담, 곽우영, 구례인, 김상두, 김순배, 김응규, 김정복, 김형재, 박용의, 변요한, 선재련, 양응수, 오석주, 이기풍, 이수현, 이영희, 정태인, 조상학, 조의환, 한익수, 황보익 등이었다. 이중에서 구례인과 변요한은 내한선교사였다.

1927년 노회 회장에 피선된 강병담은 전남 광양 출신으로 평양 숭실학교를 졸업하고 숭실 전도부 전도사로 제주도에 파견된 후 3년 동안순회 전도에 힘썼다. 이어 전남 여수군 우학리 교회 전도사로 활동한후 평양신학교를 졸업하고 목사가 되었다. 1924년 여수 남면청년회의총무로 활동하였다.[15]

1924년에 노회 부회장을 맡은 곽우영은 전남 순천 출신으로 1919년3월 전남 목포에서 독립만세 운동을 준비하여 만세운동을 전개하다 체포되어 징역 1년을 선고받았다. 1928년 1월 13일 신간회 순천지회가조직되었을 때 지회장을 맡아 활동하였다.[16]

1938년과 1940년 노회 부회장으로 선임된 김순배는 전남 광양 출신으로서 1919년 3월 10일 1천여 명의 군중들과 함께 전남 광주 시내에서 전개된 만세운동에 참가하였다. 시위행진 도중 일경에 체포되어 징역 4개월을 선고받았다. 출옥한 다음에는 순천노회의 대비생 목사로서의 활동에만 전념하였다.[17]

김상두는 전남 고흥 출신으로서 1936년 노회 부회장, 1937년 노회회장을 역임하였다. 그는 전남 고흥보통학교를 졸업하고 경성사립중앙

---

15) 『시대일보』, 1924.6.29.

16) 이균영, 『신간회연구』, 역사비평사, 1993.

17) 공훈전자사료관, 「독립유공자공적조서」.
(http://e-gonghun.mpva.go.kr/user/ContribuReportDetail.do?goTocode=20001, 2019년 9월 18일 검색)

중학교를 중퇴한 후 평양신학교를 졸업하였다. 그 후 보성군 벌교읍교회와 고흥 나로도교회 목사로 재직하였다.[18]

1929년 노회 부회장, 1930년 노회 회장으로 선임된 김정복은 전남 고흥의 빈곤한 가정 출신으로 구한국 징모병으로 전주부 진위대 곡호대 상등병으로 재직하였다. 그 후 미국 노동자에 응모하여 하와이로 갔다. 그곳에서 기독교로 개종하였으며, 귀국 후 전도사로 활동하였다. 평양신학교를 졸업한 후 고흥읍교회 목사가 되었다.[19]

1934년 노회 부회장, 1935년 노회 회장으로 시무한 김형재는 전남 순천 출신으로 부모가 기독교 신자였으므로 어릴 때부터 기독교를 믿었다. 평양 숭실전문학교 문과를 졸업한 후 동교 조교수가 되었다. 그 후 평양 창전리교회 장로로 활동하면서 평양신학교에 입학하였다. 중퇴한 후 선교사의 도움으로 미국 유학을 떠났다. 미국 버지니아 주 리치먼드 시 연합신학교를 졸업한 후 귀국하여 순천군 별량면 두고리교회의 목사로 시무하였다.[20]

1939년 노회 회장이었던 박용희는 전남 순천 출신으로 경성부 인사정에서 잡화상을 경영하다 일본 동경부 정교구 박목 성서학원, 평양신학교 등을 중퇴하고 전도사가 되었다. 예수교장로회 총회의 헌법수정위원을 역임하였으며, 순천중앙교회 담임 목사로 재직하였다.[21]

선재련은 전남 순천 출신으로 1939년 노회 회장을 맡았으며, 어린 시절부터 기독교를 믿기 시작했다. 그 후 광양군 진상면 섬거리 개량서당 교사, 순천읍 사립 매산학교 교사로 재직하였다. 선교사 로버트 코

---

18) 「산본용의 외 14인 광주지방법원 판결문(1942.9.30)」 국가기록원 소장(관리번호: CJA0002018).
19) 위의 자료.
20) 위의 자료.
21) 위의 자료.

잇트(Robert Coit)의 재정적인 도움과 소개로 구례면 구례교회를 비롯한 두 교회의 전도사가 되었다. 1927년에는 순천성경학원에서 조의환에게서 성경을 배웠으며, 그 후 평양신학교를 졸업한 후 광양교회 목사로 재직하였다.[22]

오석주는 전남 고흥 출신으로 1926년 노회 부회장, 1928년과 1938년 노회 회장 등을 맡아 활동하였으며, 1919년 만세운동 당시 전남 고흥군 고흥읍 시장에서 장날을 이용하여 만세시위를 계획하다 일경에 체포되어 징역 6월을 선고받는 바 있다. 그는 청년시절 기독교로 개종하였고, 순천성경학원에서 신학을 공부한 후 전도사로 활동하였다. 그 후 평양신학교를 졸업한 다음 고흥군 도양면에 있는 관리중앙교회 목사로 재직하였다. 1918년에 결성된 순천기독청년면려회의 회장으로 재직하며 순천 지역 정치, 사회운동에도 적극적이었다.[23]

1923년과 1927년 노회 부회장, 1924년 노회 회장이었던 정태인은 순천읍교회에서 변요한, 김영진 등과 함께 기독청년면려회를 결성하는 데 중요한 역할을 담당하였다. 그는 순천지역 최초의 목사였으며, 순천읍교회에서 프레스톤 선교사와 함께 1918년 7월부터 동사목사로 재직했다. 1920년 2월 이후 고흥읍교회로 전임되었다. 김영진은 1865년 황해도 개성 출생으로 사업가였다. 1907년 목포 양동교회에서 세례를 받았으며, 1915년부터 순천읍교회에 다니기 시작했다. 1916년 순천읍교회 최초의 장로 임직을 받았고 1927년 순천노회 제10회 회의에서 총회 총대로 선임되었다. 그는 순천에서 가장 영향력있는 기독교 지도자로 평판이 높았다.[24]

1925년 순천노회장을 맡은 조상학은 1878년 전남 대곡리에서 출생

---

22) 위의 자료.
23) 위의 자료.
24) 임송자, 앞의 논문, 113-114쪽.

하였으며 20세까지 한학을 공부하였다. 그러다 사회의 정세를 알기 위해 광주 서점에서 일하다 기독교를 받아들였다. 1911년 나주읍교회에서 조사로 3년간 활동하였으며, 1914년부터 광주숭일학교에서 성경과 한문을 가르쳤다. 1922년 평양신학교를 졸업한 이후 순천노회에서 목사 안수를 받고 광양읍교회와 대방리교회의 담임 목사로 임명받았다. 1930년에는 순천, 전남, 목포 등 세 노회의 추천으로 제주도에 1년간 파송되었다. 1931년에는 여수군 우학리교회, 1936년에는 여수 장천리교회, 1940년 경남 하동교회 목사로 재직하였다. 1945년 광복 이후 광양 광동중앙교회 목사로 다시 재직하였으며, 1948년에는 순천 매산고등학교 교목으로 활동하였다. 1949년 여수 덕양교회 목사로 재직하였고, 1950년 9월 28일 여수시 미평동에서 손양원 목사와 함께 북한 인민군에 의해 죽음을 당한 것으로 알려져 있다.[25]

1926년 순천노회장으로 피선된 조의환은 전남 여수 장천 출신으로서 무만리의 정태인, 매서인 박응삼, 조사 지원근의 전도를 통해 기독교를 받아들였다. 그는 이기홍, 지재환 등과 함께 1907년 여수 장천교회를 설립하였다. 그 후 여수 우학리교회와 광양읍교회에서 시무하였다. 순천 용당교회 교인들, 순천읍교회 설립자 최정의 등에게 전도하였다. 장천리교회의 초대 장로로 활동했으며 1922년 평양신학교 15회로 졸업하였다. 그 후 순천노회에서 안수를 받아 목사가 되었다. 그는 순천노회를 조직할 때 주도적인 역할을 하였다.[26]

총회총대는 위 〈표 1〉과 같이 강병담, 고라복, 구례인, 김동혁, 김상두, 김순배, 김영진, 김응규, 김정복, 김형모, 김형재, 목영석, 박용의, 박창규, 박희원, 백학영, 변요한, 선재련, 선춘근, 신영욱, 양응수, 오

25) 이양재, 「순천지역 초기 선교역사 연구: 광양 신황리교회를 중심으로」, 호남신학대학교 석사학위 논문, 2000, 20쪽.
26) 이양재, 위의 논문, 23쪽.

례택, 오석규, 오석주, 오영식, 원가리, 이기풍, 이기홍, 이영희, 정문갑, 정태인, 조상학, 조의환, 최정희, 최학언, 한익수, 황보익 등이 담당하였다. 총 37명 중 15명에 해당하는 김동혁, 김영진, 김형모, 목영석, 박창규, 박희원, 백학영, 선춘근, 신영욱, 오례택, 오석규, 오영식, 이기홍, 최정희, 최학언 등을 제외하고는 모두 내한선교사, 순천노회 회장, 그리고 부회장이었다. 순천노회 회장 혹은 부회장은 대체로 전남 출신으로서 평양신학교를 졸업하고 목사가 되었다.

전술한 바와 같이 순천노회가 처음 설립되었을 때 관할 구역은 제 1구역 순천, 여수, 곡성, 제2구역 광양, 구례, 제3구역 고흥, 보성 등이었다. 처음 순천노회가 설립된 이후 순천노회는 지속적으로 성장하였다. 교역자, 교회 수, 교인들의 변화는 다음 〈표 2〉와 같다.

〈표 2〉 교역자, 교회, 교인의 변화[27]

연도	서양선교사	목사	장로	교회	교인
1923	3	5	24	60	4,684
1924		14	20	71	4,373
1925	4	8	25	55	4,237
1926	4	8	21	69	4,691
1927	6	8	24	73	3,360
1928	12	8	28	84	5,119
1929	6	9	23	80	4,725
1930	11	9	24	80	4,990
1931	8	10	24	86	4,624
1932	14	13	23	87	5,139
1933	14	12	29	87	5,862
1934	15	12	26	84	6,523
1935	15	14	33	87	7,000
1936	15	14	33	96	7,281

27) 조선예수교장로회, 「조선예수교장로회 총회 총계표」 제11회~제31회, 1922~1942.

연도	서양선교사	목사	장로	교회	교인
1937	15	17	33	110	6,422
1938	3	15	41	98	6,700
1939		13	47	99	6,825
1940		14	49	96	5,938
1941		14	49	91	5,938
1942		14	49	91	5,325

1923년 순천노회가 설립되었을 때 선교사 수는 3명이었으나 1937년
에 15명까지 증가하였다. 그러다 1938년 이후 급격하게 감소하였다가
1939년 이후에는 선교사들의 순천노회 활동이 중단되었다. 목사는
1923년 5명에서 시작하여 1937년에는 17명으로 증가하였다. 그러다
1938년 이후 서서히 감소하다 1942년이 되면 14명이 되었다. 장로는
1923년 24명에서 1942년까지 꾸준히 증가하여 49명에 이르렀다. 교
회 수는 1920년 60개소에서 1937년 110개까지 이르렀다가 1938년 이
후 조금씩 감소하여 1942년에는 91개소만 남았다. 신자수는 1923년
4,684명에서 1936년 7,281명까지 증가하였다가 1937년 이후 조금씩
감소하다 1942년에는 5,325명으로 줄어들었다. 이렇게 보면 1936년
에서 1937년까지 선교사, 목사, 장로, 교회, 신자 수 등이 지속적으로
증가하다 이후부터 감소 추세를 보였다. 이 시기부터 감소 추세로 들어
선 것은 일제의 식민지 종교정책과 매우 깊은 관련이 있었던 것으로 보
인다.

<표 3> 교육기관[28]

연도	종교교육			일반학교	참고
	학교수	학생수	교사수		
1923	76	5,613	210	47	
1924	109	5,458	256	241	사숙 181 포함

---

28) 위의 자료.

연도	종교교육			일반학교	참고
	학교수	학생수	교사수		
1925	284	4,385	337	67	성경학교 포함, 사숙 제외
1926	156	5,520	319	32	야학교, 강습소 제외
1927	1,363	5,527	636	29	
1928	133	5,632	428	51	
1929	162	6,716	504	85	
1930	141	6,523	607	62	
1931	156	7,537	594	45	
1932	1,038	9,040	147	66	
1933	119	7,219	519	48	
1934	95	7,927	446	73	
1935	156	8,788	437	58	
1936	147	8,862	512	50	
1937	123	14,759	449	46	
1938	133	7,352	544	28	
1939	102	7,214	483	13	
1940	94	6,915	461	26	
1941	84	6,815	461	26	
1942	84	6,813	461	28	

　　순천노회에서 주관하는 교육은 종교 교육과 일반 학교 교육 등으로 구분하여 통계를 내 있다. 이 두 가지로 분류해서 통계를 내기 시작한 것은 1928년부터였다. 1923년부터 1926년까지는 위 두 가지를 분류하지 않았다. 그래서 교육에 대한 것은 주일성경학교, 면려청년회, 사경회, 소학교, 야학교, 강습소, 사숙, 유치원, 중학교, 대학교, 신학교, 의학교 등을 포함한 것이었다. 1924년까지는 사숙을 포함시켰으며, 1925년부터 제외하였다. 1928년부터는 종교교육에 주일학교, 면려청년회, 성경통신과, 부인전도회, 성경학교, 고등성경학교 등이 포함되었고, 일반학교 교육에는 유치원, 소학교, 야학교, 강습소 등이 해당되

었다. 그래서 1923년부터 1927년까지 통계 변화는 추정할 수가 없다. 1928년부터 1942년까지는 통계 기준이 분명하기 때문에 그 변화에 대해서 살펴볼 수 있다. 1928년부터 순천노회의 교육의 변화를 보면 종교교육면에서 학교, 학생, 교사 수 등이 1932년까지 조금씩 증가하다 1939년까지 지속적으로 증가하기도 하고 다시 감소하기도 하면서 변화를 보이다 1938년 이후부터는 지속적으로 감소하였다. 1938년 이후부터 감소가 보이는 것은 아마도 〈표 2〉와 마찬가지로 일제의 신사참배 강요와 깊은 관련이 있었던 것으로 보인다. 1923년부터 1942년까지 순천노회의 교역자, 교회, 교인, 교육 등은 1938년까지 지속적으로 증가하다 일제의 식민지 종교정책으로 인해 그 이후부터는 감소 추세로 들어섰다고 할 수 있다.

1938년 일제는 한국교회에 대하여 직접적으로 신사참배를 강요하기 시작했다. 1938년 2월 한국교회에 대한 지도대책을 수립해서 일반 평신도들에게도 신사참배를 강제하기 시작했다. 이러한 상황에서 장로교회에서 평북노회가 동년 2월 신사참배를 결의하였다. 순천노회에서는 두 번째로 빨리 신사참배를 받아 들였다. 1938년 4월 25일 구례읍교회에서 순천노회 제22회 정기회의가 개최되었다. 이 때 오석주, 김상두, 김순배 등은 신사참배 안건을 제안하였다. 국기계양, 황거요배, 신사참배, 조선총독부의 지원병 교육령 개정제도에 대한 감사 전보할 일, 해군최고지휘관에게 위문 전보할 일, 신사참배에 대하여 총회에 상고할 일, 본 노회 각 교회에 공문을 발송하여 신사참배를 지도할 것 등이었다. 이러한 결정에 수긍할 수 없었던 남장로교 선교사들은 노회를 탈퇴했다. 1938년 제27회 장로회 총회가 개최되기 전까지 전국 23개 노회 중 17개 노회가 신사참배를 결정하였다. 9월 27일 장로회 총회는 신사참배를 결정하였다. 이러한 결과를 받아들일 수 없었던 남장로교

선교사들은 탈퇴를 결정하였다.[29]

순천지역에서 신사참배 거부는 순천노회 관련자들인 이기풍 목사와 청년면려회 연합회장 황두연, 애양원교회를 담임하고 있던 경남노회 소속의 손양원 목사에 의해서 이루어졌다. 순천노회 소속 관련자들은 신사참배를 하기로 결정한 후에 문제가 있음을 인정하고 설교와 강연을 통하여 일제의 한국에 대한 정치적 종교적 정책에 반대하는 행동에 나섰다. 그들은 그리스도가 재림하면 일본을 비롯한 세계 각 국가는 붕괴하고 그리스도가 만왕의 왕이 되어 지상에서 천년 동안 그리스도교의 국가가 된다고 주장하였다.[30]

순천노회 관련자들의 체포는 신사참배 반대운동을 전개하던 황두연의 체포와 함께 이루어졌다. 황두연은 순천노회 청년면려회 연합회장과 순천 중앙교회 청년면려회 회장으로 활동했으며 순천 안력산 병원의 사무원으로 재직하였다. 그는 순천 기독교청년단체를 기반으로 '원탁회'를 조직하여 신사참배반대운동을 전개하기로 결정하였다. 먼저 순천장로교회 청소년 중 강창원과 장금석 등 10여명을 규합하여 원탁회를 조직하였다. 그런데 조직이 발각되어 황두연을 비롯한 원탁회 관련자들이 체포되었다. 이어 순천노회의 주요 인물들도 검거되었다.[31] 그들은 1940년 9월 20일부터 11월 15일 사이에 구속, 심문, 그리고 재판을 받았다.

---

29) 김승태, 「일제강점기 순천지역 신사참배반대운동과 순천노회수난사건」, 『2017년 국립순천대 인문학연구소 학술대회: 전남 동부지역 기독교 선교와 한국사회』, 2017, 142-145쪽.

30) 「산본용의 외 14인 광주지방법원 판결문(1942.9.30)」 국가기록원 소장(관리번호: CJA0002018).

31) 임송자, 「제헌의원 황두연의 생애와 순천지역 활동」, 『남도문화연구』 35, 순천대 남도문화연구소, 2018, 47-48쪽.

순번	이름	직위	설교 장소	설교 내용
1	박용희	회장	순천읍중앙교회	그리스도 재림으로 일본을 비롯한 세계 각국의 통치조직 변혁과 천년 왕국건설 실현 원함
2	선재련	서기, 회장	광양교회	상동
3	김형모	서기	벌교읍교회	상동
4	김상두	부서기, 부회장, 회장	대전교회, 구례읍교회, 신월교회, 신금리교회	상동
5	김광국		승주교회	상동
6	오석주	회계, 회장	녹동교회, 중앙교회	상동
7	김정복	부회계	고흥읍교회	상동
8	선춘근	서기, 부서기,	축두리교회	상동
9	박창규	부서기,	월평교회	상동
10	김순배	서기, 부회장, 부서기,	여수읍교회	상동
11	임원석	명천교회 전도사	명천교회	상동
12	양용근	구례교회 목사	길두리교회, 송산리교회,	상동
13	김형재	부회장, 회장, 부회계, 회계,	두고리교회, 마륜리교회, 이미교회, 월곡리교회	상동
14	강병담	서기	상삼리교회	상동
15	안덕윤	광동중앙교회 목사	광동중앙교회	상동

위 15명은 국체변혁을 목적으로 설교를 했다고 해서 치안유지법 위반으로 3년에서 1년에 이르는 징역형을 선고받았다. 박용희는 징역 3년, 선재련, 김상두, 오석주, 선춘근, 박창규, 김형재, 양용근 등은 징역 1년 6개월, 김형모, 나덕환, 김정복, 김순배, 임원석, 강병담, 안덕윤 등은

---

32) 「산본용의 외 14인 광주지방법원 판결문(1942.9.30)」 국가기록원 소장(관리번호: CJA0002018).

징역 1년형을 받았다.[33]

1942년 광주지방법원에서는 황두연, 나덕환, 오석주, 김정복 등에게 '불경죄'와 '치안유지법 위반' 등으로 징역 10월에서 징역 1년형을 언도했다. 이들은 신사참배를 직간접적으로 반대했다는 이유로 구속 기소되었다.[34] 이와 같이 순천노회 관련자들은 설교와 강연을 통해 일제의 신사참배 강요정책에 대해 직간접으로 반대하거나 혹은 일제의 자연스러운 패망을 대중들에게 선동함으로써 일제의 식민지 정책에 반대했다. 순천노회의 주요 인물들은 거의 체포되어 1944년까지 수형생활을 했기 때문에 노회는 더 이상 운영되지 않았다.

이기풍은 1938년 1월 순천노회 소속 우학리 교회의 담임 목사로 재직하기 시작했으며, 신사참배 거부로 일경에게 체포되었다. 여수형무소와 광주형무소 등에서 수형생활을 하다 병으로 출옥했다. 1942년 그는 삶을 마감했다. 손양원은 1939년 8월 애양원교회에 부임하였다. 그는 부임하기 전 경남노회 소속 전도사로 사역하면서 신사참배거부운동을 벌이다 신사참배를 지지하는 교역자들로부터 배척을 받고 어려움을 겪던 중 애양원교회의 청빙을 받아 순천으로 오게 되었다. 손양원은 신사참배 거부로 1940년 구속된 후 1945년 광복이 되자 출옥할 수 있었다.[35]

---

33) 「산본용의 외 14인 광주지방법원 판결문(1942.9.30)」 국가기록원 소장자료(관리번호: CJA0002018).

34) 「황원두연 외 3인 광주지방법원 판결문(1942.9.30)」 국가기록원 소장자료(관리번호: CJA0002018).

35) 최덕성, 「순천노회 교역자 수난사건 재평가」, 『한국기독교와 역사』 10, 한국기독교역사연구소, 1994, 178-185쪽.

III. 1945년 광복 이후 순천노회의 성장과 역사적 정체성의 정립 과정

1. 교회의 성장

순천노회는 1945년 광복이 되어서야 다시 시작할 수 있었다. 1945년 25회, 1946년 26회 순천노회가 개최되었으나 회의록이 모두 유실되어 어떤 내용으로 회의가 진행되었는지 알 수 없다.

순천노회 회의록은 1947년 제27회부터 시작되고 있다. 1947년 3월 4일 오후 7시 30분 제27회 순천노회가 벌교읍예배당에서 개최되었다. 이 날 합창한 찬송가는 제232장과 32장이었고, 봉독한 성경은 요한복음 21장 15절에서 23절까지였다. 노회장 김형모는 '애주자(愛主者)에게 주신 사명'이라는 주제로 강도한 후 오석주 목사의 기도로 노회가 시작되었다. 그날 선교사 1명, 목사 15명, 장로 21명 총 37명이 참석하였다. 참석한 선교사는 크레인이었다.[36]

그날 회장, 부회장, 서기, 부서기, 회계, 부회계, 상비부원(규칙부, 전도부, 신학준비시부, 재정부, 교역자 은급부, 종교교육부, 헌의부), 정기위원, 지방회록 검사위원, 사찰위원(서남지방, 동남지방, 동북지방), 통계위원, 회계검사위원, 총회록열람위원(회장, 서기), 순서위원, 특별위원(재단법인 이사, 성경학원 위원, 매산중학교 이사, 목사 자녀 장학회 위원, 총회 총대) 등을 선출하였다. 회장으로는 오석주, 부회장 김순배, 서기 김종하, 부서기 선춘근, 회계 오례택, 부회계 정문갑 등이 임원으로 활동하게 되었고, 총회 총대로는 김상권, 오석주, 김종하, 선춘근 등이 담당하게 되었다.[37]

---

36) 대한예수교장로회 순천노회, 앞의 자료, 303쪽.
37) 위의 자료, 304-306쪽.

순천노회는 재건 이후 총회에 적극적으로 필요한 의견을 제시하고, 총회와 함께 연대하여 정부의 종교정책에 대해서도 반대 혹은 수정을 요구함으로써 세력을 확장해나갔다. 예를 들어 1948년 3월 9일 순천승주교회에서 개최된 제28회 노회에서 정부 수립과 관련해서 다음과 같은 안건을 결정하였다.[38]

1) 한국독립을 위하여 주일날 선거함은 부당하니 일자를 변경하여 주기를 요청하고 만일 정부에서 불응할 시는 순천노회 전 신자는 선거에 참여하지 않기로 결의하다.
2) 성경을 중학교 필수과목으로 편입하여 줄 것을 요청하기로 하다.

1)의 경우에는 장로회 총회에서 채택된 사항이었다. 총회에서는 각 학교의 주일에 행하는 행사를 일체 금하기 위해 정부 당국과 교섭하기로 한 것이었다.[39] 1954년 9월 14일에 개최된 제35차 노회에서는 '기부금지법 개정안 반대 진정'에 대해서 결정하였다. 그 내용은 다음과 같았다.[40]

국가의 민주발전과 국토통일 및 산업의 재건을 당면의 과업으로 하고 있는 차제 중책을 부하시고 불철주야 노고하시는 귀하의 건투를 삼가 기도하나이다. 금번 국회 내무분과위원회에서 기부금 모집 금지법 개정안이 통과되었음은 일부 교육계의 부패성을 시정하기 위함이라 할 수 있으나 생각건대 만일 이런 개정안이 불행히도 국회를 통과하여 법률화한다면 이는 교회, 사찰, 학원에 대한 경찰의 감독과 간섭을 초래하는 것이라고 간과하지 않을 수 없어 헌법에 보장된 신앙의 자유와 학

---

38) 대한예수교장로회 순천노회, 앞의 자료, 329쪽.
39) 김응호, 『한국장로교 100년』, 목양사, 1984, 100쪽.
40) 대한예수교장로회 순천노회, 앞의 자료, 154쪽.

원의 신성이라는 것은 하나의 구두선으로 화하여 자칫하면 교각살우의 역효과를 초래하지나 아니할까 우려되나이다. 모름지기 본 노회는 관하 100여 교회와 수처 학원을 대표하여 학원의 신성과 교육의 민주적 발전을 위하여 단호히 본법 개정안을 반대하오니 선처하여 주시기를 앙망하나이다.

순천노회에서는 기부금지법에 대해 반대하는 진정서를 대통령에게 보내기로 결정하였는데, 그것은 "신앙의 자유와 학원의 신성"을 지키기 위한 것이라는 명분이었다.

총회에 대해서는 다음과 같은 의견을 표시하였다. 1950년에 개최된 제30회 노회에서 총회에 건의하는 안건으로 조선신학교의 총회 직영 취소를 결정한 것이었다. 총회 총대로는 나덕환 목사, 김상권 목사, 정규오 목사, 김종하 장로, 이진호 장로, 정문갑 장로, 보이열(Elmer T. Boyer)과 다니엘(T. H. Daniel) 선교사 등으로 결정되었다. 1940년 3월 설립되어 승동교회에서 개강한 조선신학교는 광복 후인 1946년 총회 직영으로 해줄 것을 요청하였다. 총회에 의하여 조선신학교는 1947년 4월 12일부로 전문학교령에 의한 조선신학 설립 인가를 받았다. 그 다음 총회에서는 조선신학교를 개혁하려고 했다. 그러나 1948년 제34회 총회에서 조선신학교는 이를 거부하였다. 동시에 조선신학교 학생 일부가 김재준의 신학교육을 비판하는 진정서를 총회에 제출하였다. 그러자 총회 신학문제대책위원회는 이에 대한 대안으로 장로회 신학교의 개교를 결정하였다. 이사장에 이정로, 임시교장으로 박형룡을 선임했다. 전국의 여러 노회에서 장로회 신학교를 총회 직영으로 해줄 것을 헌의하였다. 1949년 4월 19일 제35회 총회는 이를 받아들였다. 이렇게 해서 총회 직영으로 2개의 신학교가 존재하게 되었다.[41] 순천노회에서도 1950년 조

---

41) 김수진·한인수 공저, 『한국기독교회사: 호남편』, 범론사, 1980, 386-391쪽.

선신학교 총회 직영 취소를 총회 안건으로 결정한 것이었다.

이와 같이 총회와 연대해서 정부의 종교정책에 대해 적극적으로 의사를 표시하거나 총회에 대해서도 노회의 의견을 제시하면서 순천노회는 세력을 키워나갔다. 순천노회가 이와 같이 세력을 키울 수 있었던 것은 순천노회에 속한 교회들의 양적 증가에 있었다.

1947년 순천노회에 속한 교회는 총 86개였다. 이를 〈표 5〉로 표시하면 다음과 같다.

〈표 5〉 1947년 순천노회에 속한 교회[42]

동남시찰구역	장천, 평촌, 봉전, 여수읍, 나진, 서촌, 돌산, 봉양, 덕양, 현천, 여수중앙, 묘오, 우학, 두라, 월호, 하대, 마운, 이미, 칠동, 광양읍, 태인, 광동중앙, 신황, 웅동, 대방동, 승주, 순천역전, 도농, 신성, 순천중앙, 학구, 가곡, 수평, 대치, 구례읍, 파도, 간문, 월전, 신월, 동산, 압곡, 대전, 원촌, 곡성읍, 압록, 석곡, 원정자	47개
서남시찰구역	보성읍, 조성, 덕산, 벌교읍, 무만, 척령, 천치, 낙안, 월산, 낙성, 신안, 낙수, 득양, 예동, 율포, 도양중앙, 한동, 고흥읍, 길두, 송산, 봉북, 대전, 도천, 화계, 화덕, 남열, 중산, 유심, 오천, 명천, 신흥, 소록도, 가야, 록동, 축두, 천등, 당오, 남성, 신금	39개
합계	86개	

1951년에는 한국전쟁의 발발로 순천 노회가 열리지 못하였으며, 1952년에 5월 13일에 제32회 노회가 개최되었다. 이 때 결의안건으로 눈에 띄는 것은 북쪽 출신의 목사들이 노회 회원과 순천 지역 개교회 목사로 임명받은 것이었다. 북쪽 출신의 기독교인들이 순천으로 오게 된 것은 1951년 1·4 후퇴에 의한 것이었다. 평양노회에서 이명해 온 이광식 목사가 회원으로 받아들여졌으며, 박석순 목사와 김동옥 목사

---

42) 대한예수교장로회 순천노회, 앞의 자료, 313-314쪽.

는 이명증서가 오지 않아 언권 회원 자격만 부여하였다. 박석순 목사는 광동중앙교회의 위임 목사가 되었고 김동옥목사는 무만교회의 임시목사, 이광식목사는 전도목사로 허락하였다. 1952년부터 북쪽 출신의 교역자가 순천에서 교역을 담당하게 되었다. 1952년 교회 수는 다음과 같이 102개에 달했다.[43]

순천중앙교회, 여수교회, 순천제일장로교회, 벌교읍교회, 보성읍, 구례읍, 길두, 우학, 고흥읍, 벌교서부, 여수서부, 광동중앙, 장천, 광양읍, 봉양, 순천역전, 덕양, 득량, 여수중앙, 돌산군내, 가곡, 승평, 도화, 낙안, 나진, 남성, 유준, 대방동, 예당, 곡성읍, 대대, 예동, 구례대전, 학구, 한동, 덕산, 조성, 서촌, 낙성, 봉화, 송산, 수평, 무만, 두라, 화계, 용구, 별량, 도롱, 천징, 월호, 녹동, 화덕, 나로도, 신흥, 오천, 명천, 산동, 파도, 율포, 관리, 고흥대전, 당천, 여수평촌, 중산, 금천, 도사, 봉전, 압곡, 신월, 옥곡, 월곡, 동산, 오기, 목하, 백야, 원정자, 마륜, 대룡, 해촌, 신성, 풍남, 천치, 진목정, 나덕, 태인도, 개도, 내발, 도천, 축두, 개령, 서정, 가야, 신황, 간동, 대치, 과역, 척령, 외산, 소녹리, 봉서, 동정

1950년대 중반 예수교장로회는 기장과 분리되었고 이어 합동측과 통합측으로 나누어졌다. 여수제일교회, 구례중앙교회, 고흥읍교회, 소록도교회 등을 비롯한 여러 교회가 합동측에 가담하였고 순천노회는 통합측에 남았다. 그것은 선교사 때문이었다. 순천노회는 선교사들과 협의하여 통합측에 남았다.[44] 이와 같은 사건이 있었음에도 불구하고 순천노회는 지속적으로 성장하였다.

1992년에 이르면 순천노회는 곡성, 광양, 구례, 동광양, 순남, 순동,

---

43) 위의 자료, 343-391쪽.
44) 김수진, 『호남선교 100년과 그 사역자들』, 고려글방, 1992, 492-493쪽.

순북, 순서 등 8개의 시찰 구역으로 확대되었다. 곡성에는 23개 교회, 광양 16개 교회, 구례 23개 교회, 동광양 24개 교회, 순남 28개 교회, 순동 25개 교회, 순북 19개 교회, 순서 31개 교회 등으로 총 189개로 성장하였다. 1947년부터 40여년 동안 100개의 교회가 더 세워졌다. 다음 〈표 6〉은 각 시찰에 속하는 개교회들이다.

〈표 6〉 각 시찰에 속하는 개교회들[45]

시찰	개교회
곡성시찰	고달교회, 곡성동부교회, 곡성읍교회, 곡성제일교회, 광염교회, 대곡교회, 동계교회, 동막교회, 명산교회, 봉정교회, 송정교회, 석곡교회, 신전교회, 신촌교회, 압록교회, 연반교회, 염곡교회, 오곡교회, 원달교회, 원정자교회, 장신교회, 죽곡교회, 평리교회, 당동교회
광양시찰	광양교회, 광양북부교회, 광양제일교회, 광양중앙교회, 광일교회, 내천교회, 답곡교회, 대방교회, 덕례교회(1958), 통곡교회(1977), 봉강교회(1956), 사곡교회(1956), 성빛교회(1988), 세풍교회(1957), 조령교회(1961), 추산교회(1978)
구례시찰	간전제일교회(1982), 광의교회(1911), 광의제일교회(1963), 구례제일교회(1960), 대연교회(1974), 마산동부교회(1984), 마산제일교회(1974), 문척교회(1960), 산동교회(1924), 상동교회(1975), 서부교회, 수한교회, 신월교회(1920), 오미교회, 온당교회, 외곡교회(1956), 운천교회, 이평교회(1959), 죽정소망교회(1985), 중등교회(1958), 평도교회, 토지교회(1940), 효곡교회(1962)
동광양시찰	골약교회(1955), 광동중앙교회(1903), 광영교회(1952), 광영금호교회(1960), 광영중앙교회(1986), 금천교회, 다압교회(1958), 대리교회, 동광양대광교회(1988), 동광양제일교회, 동신교회, 배천교회, 사평교회, 섬진강교회, 신황교회, 어치교회, 엘벧엘교회(1987), 영생교회, 옥곡교회, 의암교회, 태금중앙교회, 태인교회, 황금교회, 황길교회
순남시찰	감보리교회, 남수천교회, 덕신교회, 둑실교회, 명광교회, 봉두교회, 산수교회, 삼애교회, 상삼교회, 선월교회, 선학교회, 성산교회, 성원교회, 승산교회, 신대교회, 신성교회, 신흥교회, 영락교회, 영흥교회, 용전교회, 은진교회, 은혜교회, 장도교회, 장천교회, 천보교회, 하가교회, 해룡제일교회, 해룡중앙교회

---

45) 순천노회사료편찬위원회, 『순천노회사』, 대한예수교장로회 순천노회, 1992, 303-391쪽.

시찰	개교회
순동시찰	구상교회, 대구교회, 동산교회, 비촌교회, 삼산교회, 서면소망교회, 서면영광교회, 성북교회, 성은교회, 순천동부교회, 순천동부교회, 순천북부교회, 순천벧엘교회, 압곡교회, 용림교회, 운평교회, 월등교회, 월등남부교회, 월룡교회, 율리교회, 은광교회, 죽평교회, 학구교회, 황전제일교회, 황전중앙교회, 회덕교회
순북시찰	광천교회, 금성교회, 남강교회, 내상교회, 대광교회, 봉덕교회, 송광중앙교회, 순천삼거교회, 순천세광교회, 순천서부교회, 순천은성교회, 순천중앙교회, 승주소망교회, 승주중앙교회, 외서교회, 요곡교회, 운룡교회, 이읍교회, 창촌교회
순서시찰	개령교회, 낙안제일교회, 낙안중앙교회, 낙원교회, 대곡교회, 대흥교회, 덕정교회, 덕흥교회, 마륜교회, 마산교회, 별량교회, 별량서부교회, 별량제일교회, 빌라델비아, 상사교회, 석정교회, 순천남부교회, 순천대광교회, 순천대평교회, 순천덕월교회, 순천성광교회, 순천성남교회, 순천소망교회, 순천제일교회, 우산교회, 운천교회, 원산교회, 인안교회, 조산교회, 초곡교회, 학산교회

개교회와 함께 순천노회의 산하단체로는 여전도회연합회, 남전도회연합회, 교회학교 아동연합회, 순천성서신학원 등이 있었다. 이들 단체는 순천노회가 계속 성장할 수 있는 동력이 되었다.

여전도회 연합회는 1931년에 설립되었고 제1대 회장은 이영숙이었다. 다음 〈표 7〉은 1946년부터 1991년까지 회장, 부회장, 서기, 회계, 총무 등을 나타낸 것이다.

〈표 7〉 여전도회연합회[46]

횟수	년도	회장	부회장	서기	회계	총무
7	1946	박옥신		조남이		
8	1949	정여심		〃	허미주 박옥신	조남이
	1954	〃	박옥신 김세라	이복림	허미주 박애녀	조남이
	1956	〃	〃 〃	조영은	박애녀 양정숙	이복림
12	1957	〃	강마리아 김덕보	〃	박애녀 정여애	강확실

46) 위의 책, 499-502쪽.

횟수	년도	회장	부회장	서기	회계	총무
13	1958	김마리아	김덕보 박신엽	〃	정여애 이상권	〃
14	1960	김세라	조남이 오마리아	〃	〃 〃	〃
15	1962	조남이	정예순 김경애	〃	정여애 박영자	〃
16	1964	정예순	김덕복 이복림	〃	〃 〃	〃
17	1967	이복림	조영은 김덕복	조규영 최병님	〃 〃	이국자
18	1969	조영은	김덕복 박영자	정여애 최명님	최병님 한진수	〃
19	1971	박영자	백정애 정여애	조영은 최병님	한진수 이연주	〃
20	1973	〃	강애다 백정애	임광자 김순영	한진수 조은형	〃
21	1975	백정애	정여애 유금덕	임광자		〃
22	1977	정여애	강확실 김인실	임광자 장유열	조은형 정근애	〃
23	1979	박월심	박신애 고희숙	〃 〃	〃 〃	〃
24	1981	이국자	임광자 박신애	장유열 임보배	최문옥 장정자	조영은
25	1983	임광자	조은형 박신애	〃 〃	〃 〃	이국자
26	1985	조은형	임보배 지효재	장유열 이국자	장정자 한영화	최문옥
27	1987	임보배	최문옥 장정자	최춘애 이국자	고일심 김화자	한영화
28	1989	정정자	최문옥	최춘애 오은선	고일심 임경은	지효재
29	1991	최문옥	지효재	〃 〃	박신애 임경은	한영화

　　남전도회 연합회 역대회장은 윤영철(1~3대), 차종석(4대), 황치상(5대), 최정완(6대), 김오봉(7대), 강석원(8대), 최병홍, 김봉석, 김은수, 장병현, 김창현, 조구환, 김정수(19대), 선민규(20대), 조계환(21대), 이연태(22대), 김연근(23대), 강태현(24대), 박영년(25대), 김은중(26대), 위계학(27대), 황종진(28대) 등이었다.[47]

　　교회학교 아동부연합회는 1955년부터 시작되었다. 역대회장은 김희철(1955~1956), 양경환(1957), 윤영철(1959), 김용기(1961), 박찬제(1962~1963), 김준택(1964~1966), 김중배(1967), 박일문(1968~1970), 김중배(1971), 황의천(1972), 이봉춘(1973), 김형채(1974), 송치용(1975), 조계환(1976), 선민규(1977), 김연근(1979), 김학규

---

47) 위의 책, 503-505쪽.

(1980), 서정영(1981), 오수웅(1982), 김광수(1983), 선민규(1984), 김연근(1985), 장찬호(1986), 오수웅(1987~1988), 신영식(1989~1990), 최영윤(1991) 등이었다. 순천성서신학원은 1949년 이후부터 수많은 졸업생을 배출하였다.[48]

순천노회의 성장은 기독교 인재 양성을 위한 고등교육기관의 설치와도 관련이 있었다. 그것은 곧 지역사회의 인재 양성이었기 때문이다. 순천노회는 광복 후 곧 매산남녀 중학교 설립을 결정하였다. 1946년 8월 순천노회 임시노회록에서 매산남녀중학교를 설립을 결정하였다. 그 내용을 보면 다음과 같다.[49]

노회결의록초(老會決議綠抄)

주후 1946년 7월 2일 오전 10시에 전 매산학교에서 임시노회 회집하야 찬송가 제 36장을 회장의 인도로 합창하고 조의환씨의 기도한 후 회장이 성경 요한복음 15장 1절로서 8절까지 봉독하신 후 강병담씨로 기도한 후 개회하다.

서기가 회원을 점명하니 전원 출석하였슴으로 회장이 개회됨을 선언하다.

결의사항

일(一), 매산남녀중학교를 설립하기로 가결하다.

일(一), 우(右) 설립을 위하여 본노회에서 매년 금25만원을 경상비에 보조하기로 가결하다.

일(一), 설립자 대표를 여좌(如左)히 선거하다

김상권, 김형모, 나덕환, 최정완, 김원식

일(一), 이사 12명을 여좌히 선거하다.

---

48) 위의 책, 506-509쪽.
49) 매산 100년사 편찬위원회, 『매산 100년사: 1910-2010』, 2010, 397-398쪽.

조의환, 김상두, 황보익, 오예택, 김정기, 임영호, 김중하, 강병담, 선재련, 김순배, 오석주, 우월순(웰손)

일(一), 본학교 설립을 위하야 본노회 유지재단을 제공하기로 가결하다.

일(一), 본학교 설립사무 일절을 설립대표자급이사회에 일임하기로 가결하다.

동일 오후 2시 정관진씨 기도로 폐회하다.

본 결의사항을 명확하기 위하야 회장과 서기 좌에 서명날인함.

회장 김형모

서기 김중하

책임서약서

본노회에서 직영인 순천사립매산중학교에 그 경상비보조금으로 본 노회에서 매년 금 이십오만원식(式) 책임지고 보조할 것을 자(玆)애 서약함.

서력 1946년 8월 1일

우(右) 대표자 회장 김형모

회계 오예택

설립대표자인 김상권은 1946년 당시 순천중앙교회 목사였으며, 김형모는 순천노회장, 나덕환은 순천승주교회 담임 목사, 최정완, 김원식은 순천중앙교회 장로였다. 매산남녀중학교는 1946년 9월 24일자로 문교부장관으로부터 설립 인가를 받았다. 순천노회에서 매산중학교에 지원한 예산은 매 학년별로 250,000원이었다. 5년 과정이었으므로 총 지원비는 1,250,000원이었다. 개교는 순천중앙교회에서 9월 3일에 하였다. 1946년 189명의 학생을 모집하여 3개 반으로 편성했다. 순천노회 제27회 임시회의에서는 매산중학교 재단 1천만원을 모금하기 위하

여 각 교회별 헌금을 결정하였다.[50]

1950년 3월 순천노회에서는 은성고등학교 설립을 결정했다. 이를 유지하기 위한 후원재단을 설립하고 매년 경상비로 5천만원 보조를 순천노회에 서약했다.[51] 미국남장로회 선교부 외국전도부에서도 은성고등학교 개수비로 미화 1만불과 경영비로 미화 1천4백불을 보조하겠다는 것을 결의하고 옛 안력산 병원과 대지의 사용을 승낙하였다.[52]

이는 6년제 매산중학교를 3년제 매산중학교와 3년제 은성고등학교로 분리한 것이었다. 후원재단법인의 설립 취지를 보면 다음과 같다.[53]

설립취지서
본재단은 순천은성고등학교 교육사업에 필요한 경비 후원을 목적으로 하고 차(此)목적 달성을 위하야 대한예수교장로회 순천노회와 미국남장로회선교회외 전도국 한국미순회와 협력하기로 함.

순천매산중학교 이사회 명의의 대표자 김원식, 순천읍교회 김상권 목사, 김원식, 최정완, 오례택 장로, 순천노회 나덕환 노회장, 순천시 영동의 임영호, 순천시 장천동의 김종하 등은 설립기성회를 조직하였다. 은성고등학교 설립 당시 교원 조직을 보면 다음과 같다.

---

50) 위의 책, 400쪽; 대한예수교장로회 순천노회, 앞의 자료, 325쪽.
51) 위의 책, 458쪽.
52) 위의 책, 462-463쪽.
53) 위의 책, 464쪽.

직명	성명	출신도	최종졸업학교 및 학과명	교육경력	담임학과목
교장	최정완	전남	연희전문 문과졸업	중 10년	물리
교감	박형렬	전남	숭실전문 농과졸업	초중 17년	생물
교사	김종섭	평남	평양신학교 졸업	중2년	성경
교사	이돈근	평남	조도전대학 법과졸업	중3년	법경 심리
교사	최순진	평남	연희전문 문과졸업	중4년	국어
교사	강락원	전남	연희대학 문과졸업	중2년	사회생활
교사	김상권	경남	조도전대학 문과졸업	중4년 대2년	공민
교사	김원식	평북	숭실전문 문과 졸업		수학
교사	박준	함남	고성의전문졸업 의학박사		화학독어
교사	보이열	북미주	웨스턴민스터대학 졸업		영어 불어

설립신청서에 교원 조직으로 위 〈표 8〉과 같이 되어 있지만 실제로 박형렬과 김종섭을 제외하고 교원으로 임용된 기록은 없다. 그러나 위 신청서를 통해 당시 은성고등학교 설립을 위해 누가 영향력을 발휘했는지에 대해서 엿볼 수 있다. 1959년 9월 1일자로 은성은 매산으로 교명을 변경하였다.[55]

순천노회는 개교회의 양적 성장을 토대로 산하에 여전도회연합회, 남전도회연합회, 교회학교 아동연합회, 순천성서신학원, 매산남녀중학교, 은성고등학교(현 매산고등학교) 등을 두고 순천지역에서 정치, 사회, 종교적 영향력을 발휘하는 거대한 조직으로 성장하였다.

---

54) 위의 책, 474-475쪽.
55) 위의 책, 500쪽.

2. 순천노회의 역사적 정체성 정립과정: 반파시즘에서 반공주의로[56]

순천노회의 역사적 정체성은 광복 이후 순천노회의 재건과 함께 형성되기 시작했다. 광복 이후 순천노회는 일제의 식민지 종교정책에 반대했던 인물들에 의해 재건되었다. 전술한 오석주 오석주, 김순배, 선춘근 등은 일제말기 일제의 국체를 부정하는 설교를 하다 체포되어 수형생활을 했던 인물들이었다.

1947년 노회에서 역사적 정체성과 관련해서 결정된 안건으로는 장로회 목사와 강도사에 대한 자격을 엄격히 규정한 것이었다. 일제 말기 경성신학교에서 수학한 것은 인정하지 않는다는 것이었다. 경성신학교는 동양선교회 성결교회가 운영하는 성서학원이었다. 1940년 5월에 조선총독부로부터 정식 인가를 받았다. 그동안 동양성결교회에서는 1909년 성서학원을 설립하여 운영하면 4백여명의 졸업생을 배출하였다. 그러다 1940년 5월 정식으로 인가를 받아 경성신학교라는 이름으로 출발하였다.[57]

노회 목사 후보생으로 경성협성신학교 제2학년을 수업하고 경성신학교 최종학년을 수료한 박래옥, 평양신학교 제2학년 제1학기를 수료하고 경성신학교 최종학년을 졸업한 박옥래, 평양신학교 제2학년 제1학기를 수료하고 경성신학교 제3학년 최종학기를 수업한 서재화의 강도사 승인에 대한 청원에 대하여 자격 시험을 보게 하였다. 1947년 8월 중에는 로마인서, 헌법, 설교학, 조직신학, 에스겔, 1948년 1월에 교회서신, 히브리인서, 교회사, 묵시, 신경 등의 과목으로 시험을 실시하도

---

56) William T. Purinton. "For God and Country: Shifting Identities and Contexts among American Military Chaplains and Protestant Missionaries in Korea, 1945–1984." Social Change and Christianity in Korea after WWII. 2019 ISMC International Symposium. May 20, 2019. p. 143.

57) 『동아일보』, 1940년 6월 18일자.

록 하였다. 수험과목 담임위원은 선교사 크레린, 고려위, 김상권, 선재련, 조의환, 나덕환, 김순배 등이었다.[58] 이중에서 선재련, 조의환, 나덕환, 김순배 등은 일제말기 일제에 의해 고초를 겪었던 인물들이었다.

순천노회는 1954년 노회의 역사적 정체성이 일제 말기 일제의 식민지 종교정책을 거부했던 민족 종교조직이었다는 것을 명확히 하였다. 1954년 6월 10일 순천중앙교회에서 개최된 제34회 제1차 임시회의에서 특별광고로 신사불참배 유가족 구호책으로 특별헌금을 하기로 결정했던 것이었다. 그날 회의에서는 다음과 같이 광고하였다.[59]

우리는 우리나라 교회와 우리 민족의 최대 희생자로서 뿐만 아니라 한국교회의 절개와 한국 민족의 양심을 사수한 이들의 순결한 피를 감격의 눈물 없이 회고할 수 없습니다. 그들을 피로써 최고 최저의 영광을 땅에서 하나님께 돌렸습니다. 그리고 그들은 우리 교회와 민족의 생명을 유지케 하였습니다. 그러나 그들의 남은 가족은 지금 어떻게 지나고 있는지? 우리 교회는 이들 유가족에 대하여 대책을 우리 장로회 총회에서 결의하게 인도하신 하나님께 감사한 줄 믿습니다. 또 그 결의한 6월 5일을 특별한 감격하에 맞이하며 넘치도록 헌금하실 줄 믿사오며 또 그렇게 되어져야만 될 것으로 바라마지 않습니다.

1982년 순천노회는 역사적 정체성을 더욱 명확히 하였다. 그것은 순교자의 심사규정에 대한 결정을 통해서 이루어졌다. 1982년 4월 27일 제64회 순천노회에서는 순교비 건립에 대한 추진위원을 구성하였다. 동년 6월 29일 제64회 제1차 임시회의록에서는 순교자 기념비 건립 전권위원회 보고가 있었다. 위원장은 정병섭, 서기 박준의, 회계 장병현,

---

58) 대한예수교장로회 순천노회, 앞의 자료, 315쪽.
59) 순천노회사료편찬위원회, 앞의 책, 152쪽.

위원 손세진, 이병길, 장규석이었다. 순교사 심사규정은 다음과 같았다.[60]

가) 순교자 심사규정
공산당에게 그리스도를 위해 죽은 자와 일제치하에게도 순교한 자
가족의 2인 이상 증인이 있는 자와 역사적인 기록이 있는 자
순교 때의 상황이 신앙에 어긋나지 않는자

나) 순교자 명단
목사: 김정복 손양원 양용근 이선용 조상학
장로: 김병준
성도: 고재춘 서천규 손동인 손동신 윤형근 윤순근 차준철

다) 제막일시
1982년 6월 14일 오전 10시

라) 제막장소
순천노회관

위의 양용근 목사를 제외하고 모두 1948년 여순사건과 한국전쟁 시기에 세상을 떠났다. 이렇게 보면 순천노회의 역사적 정체성은 민족주의를 계승한 반공주의였던 것이다. 순천노회의 제주 4·3과 여순사건에 대한 관점은 다음과 같았다.[61]

---

60) 위의 책, 222-224쪽.
61) 위의 책, 74-86쪽.

① 제주 4·3: 제주도 한라산에서 남로당의 사주에 의해 "공산무
   장 폭도"가 일으킨 사건
② 여순 주둔 제 14연대 제주도 출동 지시: 제주도민들 다수가 공
   산주의자들과 인척관계였기 때문에 한라산의 공산주의자들이
   쉽게 완전히 소탕되지 않았으며, 공산주의자들은 10월에 들어
   서면서 러시아 10월 혁명을 기념하여 다시 봉기를 일으켰고
   이를 진압하기 위해 제14연대 출동 지시
③ 제14연대의 진압 거부: 군대에서 공산주의자들에 의해 출동
   거부 사건이 일어났고 그들이 군대에 들어갈 수 있었던 것은
   미군정의 지나친 민주의식에 있었음(필자 재정리)

즉 제주 4·3은 공산주의자들의 폭동이었고, 정부의 진압에서 살아
남은 공산주의자들이 러시아 10월 혁명을 기념하여 다시 봉기를 일으
켰는데 이를 진압하기 위해 여순에 주둔하고 있던 제14연대에게 출동
명령을 내렸다. 그런데 제14연대는 이를 거부하고 여순에서 봉기를 일
으켰다. 제14연대가 봉기를 일으킨 것은 미군정의 지나친 민주의식 때
문이라고 여겼다.[62]

여순사건은 많은 피해자를 남겼다. 특히 기독교인들 중에서 다수의
사망자가 발생하였다. 영흥교회에서 김병준 장로, 윤형근, 윤순근 등
이 세상을 떠났다. 이 교회는 1913년에 설립되었고 승주군 해룡면 도
룡리에 위치하고 있다. 그들이 여순사건 때 사망을 한 이유는 같은 마
을에 거주하던 천도교인의 원한에 있다고 보았다.[63]

해방 전부터 같은 마을에 천도교가 있었고 이들 주관자들은 친일
세력으로서 교회를 핍박하다가 해방을 맞게 되고 교회는 날로 부흥

---

62) 위의 책, 74쪽.
63) 위의 책, 75-76쪽.

발전하였다. 자기네들은 피폐되자 교회에 대한 원한과 반목질시하는 태도를 갖고 있으면서 특히 천도교 주관자 강모 씨는 공산주의자들과 접선하여 그 당에 가입하고 1948년 10월 20일 밤 여순 반란사건이 일어나자 순천군 인민위원장직을 맡고 부락에 있는 당원들과 함께 순천시내에서 무기를 탈취하고 동네에 돌아와 영흥교회를 빼앗고 분주로 삼았다. 20일 밤이 수요일이었지만 여순 반란사건의 발발로 위기의식을 느낀 교인들은 모일 수 없었지만 윤순근 성도가 종을 치자 종소리를 듣고 교회에 모여 예배하다가 이들에게 붙잡히고 인민재판까지 했지만 부결되고 다시 별말도 묻지 않고 반죽음이 되도록 구타하며 모욕을 감행하다가 22일 새벽 4시경에는 불법으로 총살을 시작해 김병준 장로를 총을 쏘아 죽이고 다시 죽창으로 죽음을 확인하고 다시 윤형근, 윤순근 형제를 총살하고 송기섭 장로를 총을 쏘는데 첫 번에 목 좌편에서 우편으로 관통하였고 다시 쏘아 하체를 관통하였고 다시 왼손목을 쏘아 손목뼈가 뿌려졌고 죽은 것으로 생각하고 무덤에 장사하려다 호흡이 있어 다시 살렸으니 이분이 산순교의 증인이시며 영흥교회 장로님으로 봉사하고 계시며 서동규 장로님도 하복부를 맞아 관통되었으나 기적적으로 살아나셔서 교회를 봉사하시며 서동철 교우는 창자에 총을 맞아 관통하며 피를 흘리고 쓰러졌는데 눈을 떠 보니 그들은 다 달아나 버렸고 교인들만 남아 있었으며 순천인민위원장 강씨는 진압군에 의해 총살당하였고 서동실씨는 그 후 6·25 사변 당시 공산군에 붙잡혀 순교하였다.

위의 기록을 보면 여순사건 때 특별한 원한이 있어서 영흥교회 교인들을 학살한 것이 아니고 단순한 질시 때문에 일어난 사건으로 보고 있다. 즉 친일세력이었던 천도교인이 공산당에 가입하여 기독교인들을 학살했다고 기록되어 있다.

손양원의 두 아들인 손동인과 손동신도 여순사건 때 세상을 떠났다. 그들과 함께 활동했던 고재춘도 목숨을 잃었다. 그 사망 경위에 대해

『순천노회사』에서는 다음과 같이 기록하고 있다.[64]

> 당시 애양원교회에서 시무하시던 손양원 목사님의 아들인 두 형
> 제는 여순반란 사건이 일어난 1948년 10월 21일로 동료 학생의 고
> 발로 반란군에 붙잡혀 순교하였으니 동인군은 전해에 순천기독학생
> 연합회장을 맡아 열심히 공부하며 전도하는 모범학생이었다. 동인
> 군은 순천사범학교(순천공고)에 동신군은 순천중학교(순천고)에 재
> 학중이었다. 일찍이 일제의 신사참배 불응으로 학교에서 정학당했
> 다가 해방과 함께 다시 복학하였으나 이들이 죽음을 당한 죄목도 예
> 수를 믿는 학생이라는 죄목 뿐이었다.(중략)
> 반란군은 예수를 버리면 살려주마 하였으나 두 사람은 "예수는
> 나의 구주요 나의 생명입니다. 주님을 버리면 나는 정말 죽습니다"
> 라고 대답하였다.(중략)
> 참사의 소식을 전해들은 손목사님은 엎드려 하나님 앞에 "저의
> 가정에도 이렇게 두 사람씩이나 순교자를 주시니 감사합니다"라고
> 기도를 드렸다.

고재춘도 손동인과 같은 순천사범학교에 재학중이었으며, 순천기독
학생연합회 전도부장을 맡아 활동하다 목숨을 잃었다.[65] 1948년 10월
27일 애양원 교회에서 두 아들의 장례식을 거행하던 손양원 목사는 아
홉가지 감사 기도를 드렸다고 한다. 그 중에서 "자신의 아들을 죽인 원
수를 회개시켜 아들을 삼고자 하는 사랑의 마음을 주신 하나님께 감사
를 드린다"는 기도로 인해 오늘날 손양원 목사는 사랑의 실천자로 알려
지게 되었다.

나덕환 목사도 여순사건 때 어려움을 겪었다. 전술한 바와 같이 그

---

64) 위의 책, 76-79쪽.
65) 위의 책, 79쪽.

는 일제 말기 일제의 식민지 종교 정책을 반대하는 설교로 체포되어 징역 1년형을 선고받았다. 여순사건 당시 순천중학교 업무로 광주 도청에 다니러 갔다 돌아오는 중 별량면에서 목사라는 신분이 탄로나서 총살형을 언도 받고 기다리던 중 봉기군이 정부 진압군이 온 줄로 오해하고 산으로 도피를 한 까닭에 무사히 살아남았다고 한다.[66]

여순사건에 이어 1950년 한국전쟁이 일어났을 때 순천노회 관련자뿐만 아니라 순천 지역의 기독교인들도 피해를 입었다. 대표적인 사례로 손양원 목사를 들 수 있다. 함께 피해를 입은 김정복, 조상학 목사는 순천노회의 주요 인물들이었다.

손양원은 1950년 9월 13일 좌익 세력에게 체포되어 여수경찰서에서 고초를 겪었으며, 28일 여수시 미평동에서 총살당한 것으로 알려져 있다.[67] 김정복 목사는 전술한 바와 같이 일제 말기 일제의 식민지 종교 정책에 순응하지 않는다는 이유로 체포되어 징역 1년형을 언도 받고 수형생활을 했다. 그는 1950년 9월 28일 30여명의 청년들과 함께 죽음을 당한 것으로 알려져 있다.[68]

조상학 목사는 한국 전쟁 당시 덕양교회에서 목회를 하고 있었다. 그는 피난을 떠나지 않고 교회에 있다가 여수 내무서원에게 체포되었다. 9월 28일 밤 함께 수감 되었던 120명과 함께 사형당했다.[69] 구례읍교회 목사 이선용도 1950년 12월 9일 목숨을 잃은 것으로 알려져 있다. 1906년 평남 출신으로서 1924년 평양신학교와 1928년 평양숭실전문학교 농학과를 졸업한 후 만주 명신여고에서 10년간 교편생활을 하다 1942년 조선신학교를 졸업하였다. 이후 함북노회에서 목사 안수를

---

66) 위의 책, 78-79쪽.
67) 위의 책, 80-81쪽.
68) 김수진·한인수 공저, 앞의 책, 369-370쪽.
69) 위의 책, 362쪽.

받고 1947년 월남하였다. 한국전쟁 당시 순천노회에 참석하고 돌아오다 변을 당했다고 한다. 한국전쟁 당시 전북노회 소속인 전북 김제군 죽산교회 목사 안덕윤도 한국전쟁 당시 목숨을 잃었다. 1897년 광양군에서 출생한 후 1939년 평양신학교를 졸업하고 순천노회에서 목사로 안수를 받았다. 광양중앙교회에서 목사로 재직하다 전북노회로 옮겼다. 그는 가족들과 피난을 떠나지 않고 교회를 계속 운영했다. 그러다 8월 17일 북한인민군은 그를 "미국 놈의 두목"이라고 하면서 죽음을 당했다고 한다.[70]

IV. 맺음말

지금까지 순천지역사회에 중요한 영향력을 가진 순천노회의 역사와 역사적 정체성의 형성 과정에 대해서 살펴보았다. 순천지역은 노회가 설치되기 이전에 전남노회에 속하였다. 그러다 1922년 전남노회에서 총회에 분립 청원을 한 결과 순천노회가 설치되었다.

순천노회는 설립된 이후 지속적인 성장을 하였다. 순천노회의 주요한 역할을 담당한 교회들은 순천읍교회, 광양읍교회, 여수장천교회, 고흥읍교회, 구례읍교회 등이었으며, 이 교회들은 남장로교 선교부가 순천에 설치되기 이전인 1905년부터 1908년까지 지역민들에 의해 자발적으로 설립되었다.

순천노회를 움직인 중요한 인물들은 강병담, 고라복, 곽우영, 크레인, 김동혁, 김상두, 김순배, 김영진, 김응규, 김정복, 김형재, 박용희, 박창규, 박희원, 백학영, 변요한, 선재련, 선춘근, 신영욱, 양응수, 오례택, 오석규, 오석주, 오영식, 원가리, 이기풍, 이기홍, 이수현, 이영

---

70) 순천노회사료편찬위원회, 앞의 책, 85–86쪽.

희, 정문갑, 정태인, 조상학, 조의환, 최정희, 최학언, 한익수, 황보익 등이었다. 이들은 모두 회장, 부회장, 총회 총대들이었으며, 순천지역 사회에 영향력이 있는 인물들이었다.

순천노회 소속 선교사, 목사, 장로, 교회, 신자 수 등은 노회 설립 초기부터 1930년대 후반까지 지속적으로 증가하다 일제의 식민지 종교정책에 의해 감소 추세를 보였다. 순천노회 소속의 교육과 관련해서 학교, 학생, 교사 수 등이 꾸준하게 증가하다 1930년대 후반부터 감소한다. 이것도 전술한 바와 같이 일제의 식민지 종교정책에 의한 것이었다고 할 수 있다.

순천노회는 1938년 전국 노회에서 두 번째로 신사참배를 결의하였으나, 노회의 중심적인 인물들은 설교와 강연을 통해서 일제의 식민지 종교정책을 반대하였다. 순천지역에서 신사참배 거부는 이기풍, 손양원, 황두연 등에 의해 전개되었다. 순천노회의 중요 인물들은 설교와 강연을 통해서 일제의 식민지 종교정책을 반대하였다.

1945년 광복 이후 재건된 순천노회는 일제 식민지 잔재 일소부터 시작했고 총회와 연대해서 정부의 종교정책에 대해서도 적극적으로 의견을 제시하면서 세력을 확장해 나갔다. 순천노회가 이와 같이 적극적으로 의견을 제시할 수 있었던 것은 100개 이상의 교회, 여전도회연합회, 남전도회연합회, 교회학교아동연합회, 순천성서시학원, 기독교 인재 양성을 위한 매산 중고등학교 등이 있었기 때문이었다.

순천지역의 이와 같은 거대한 종교조직인 순천노회는 1954년부터 역사적 정체성을 정립하기 시작했다. 그것은 순천노회가 일제의 식민지 종교정책을 거부했던 민족종교조직이었음을 명확히 하였다. 그것은 신사불참배 유가족 구호책을 위한 특별 헌금 결정이었다. 1982년에는 순천노회의 역사적 정체성이 일제 강점기 민족종교조직을 계승한 반공주의에 있다는 것을 분명히 하였다. 그것은 1982년 순교비 건립, 순교자 심사규정, 순교자 명단 등을 통해 명확히 드러났다. 순교자 명단 대다수는 일제의 식민지 종교정책에 반대하다 광복 이후 발생한 여순사건과 한국전쟁 당시에 목숨을 잃었던 인물들이었다. 이러한 인물들을 기념하기 위해 순천노회는 순교비를 건립하였다. 이를 통해 순천노회는 역사적 정체성을 명확히 하였고 오늘날까지 순천지역사회에 큰 영향력을 미치고 있다.

〈참고문헌〉

「산본용의 외 14인 광주지방법원 판결문(1942.9.30)」국가기록원 소장(관리번
　　　호: CJA0002018).
「황원두연 외 3인 광주지방법원 판결문(1942.9.30)」국가기록원 소장자료(관
　　　리번호: CJA0002018).
조선예수교장로회, 「조선예수교장로회 총회 총계표」제11회–제31회, 1922–
　　　1942.

김수진, 『호남선교 100년과 그 사역자들』, 고려글방, 1992.
김수진·한인수 공저, 『한국기독교회사: 호남편』, 범론사, 1980.
김응호, 『한국장로교 100년』, 목양사, 1984.
대한예수교장로회 순천노회, 『순천노회회의록』제1집, 1986.
순천노회사료편찬위원회, 『순천노회사』, 대한예수교장로회 순천노회, 1992.
순천대학교 인문학술원, 『2017 국립순천대 인문학연구소 학술대회: 전남 동부
　　　지역 기독교선교와 한국사회』, 2017.
순천대학교 인문학술원, 『2019 국립순천대 인문학술원 학술대회: 전남동부지
　　　역 기독교 기관과 지역사회』, 2019.
순천매산중학교·순천매산여자고등학교·순천매산고등학교, 『매산 100년사:
　　　1910~2010』, 매산 100년사 편찬위원회, 2010.
순천시사편찬위원회, 『순천시사: 문화예술편』, 1997.
이균영, 『신간회연구』, 역사비평사, 1993.
한국기독교역사연구소, 『조선예수교장로회사기』(상), 2000

강성호, 「미국남장로교의 호남선교: 연구동향을 중심으로」, 『2017년 국립순천
　　　대 인문학연구소 학술대회: 전남동부지역 기독교선교와 한국사회』,
　　　2017.
김승태, 「일제강점기 순천지역 신사참배반대운동과 순천노회 수난사」, 『2017
　　　년 국립순천대 인문학연구소 학술대회: 전남동부지역 기독교선교와 한

국사회』, 순천대학교 인문학연구소, 2017.

이덕주, 「미국 남장로교 순천선교부 활동과 순천지역사회」, 『2017년 국립순천대 인문학연구소 학술대회: 전남동부지역 기독교선교와 한국사회』, 순천대학교 인문학연구소, 2017.

이양재, 「순천지역 초기 선교역사 연구: 광양 신황리교회를 중심으로」, 호남신학대학교 대학원 석사학위논문, 2000.

이홍술, 「해방 이후 순천지역 교회의 성장과 전망」, 『2017년 국립순천대 인문학연구소 학술대회: 전남동부지역 기독교선교와 한국사회』, 순천대학교 인문학연구소, 2017.

임송자, 「순천기독면려청년회 활동과 순천청년회」, 『2019년 국립순천대 인문학술원 학술대회: 전남동부지역 기독교 기관과 지역사회』, 순천대학교 인문학술원, 2019.

임송자, 「제헌의원 황두연의 생애와 순천지역 활동」, 『남도문화연구』 35, 순천대 남도문화연구소, 2018.

차종순, 「순천중앙교회의 태동과 발전」, 『2017년 국립순천대 인문학연구소 학술대회: 전남동부지역 기독교선교와 한국사회』, 2017.

최덕성, 「순천노회 교역자 수난사건 재평가」, 『한국기독교와 역사』 10, 한국기독교역사연구소, 1994.

William T. Purinton. "For God and Country: Shifting Identities and Contexts among American Military Chaplains and Protestant Missionaries in Korea, 1945-1984." Social Change and Christianity in Korea after WWII. 2019 ISMC International Symposium. May 20, 2019.

공훈전자사료관, 「독립유공자공적조서」
(http://e-gonghun.mpva.go.kr/user/ContribuReportDetail.do?goTocode=20001. 2019년 9월 18일 검색)

미국남장로회 한국선교사들의 사랑의 열매, 애양원[*]

이홍술

I. 머리말

선교에는 다양한 방법들이 있겠지만 그중에서도 의료선교는 이만열 교수가 지적한 대로 "외국인과 기독교에 대해 갖고 있던 편견을 제거하여 복음을 전할 수 있도록 하는 한편 의료 선교가 독자적인 선교 방편으로 등장하게 되어"[1] 보다 효율적으로 복음을 전할 수 있게 하는 좋은 방법일 것이다. 애양원의 경우가 그렇다. 애양원은 미국 남장로회 선교사들의 소중한 열매 가운데 하나이다. 한센병[2] 환자와 함께한 애양원은 한국의 기독교 선교 역사에 실로 큰 의미를 간직하고 있으며, 예수 그리스도를 믿고 따르는 사람들이 어떤 자세로 살아가야 하는지에 대해 큰 울림을 준 신앙 공동체의 역사라고 할 수 있겠다. 하나님의 아들

---

[*] 본 논문은 한국교회역사복원연구회에 공모하여 2020년 4월 21일 심사가 완료되어 2020년 5월 13일 게재가 확정되었음을 밝혀 둔다.

1) 이만열, 『한국 기독교 수용사 연구』, 두레시대, 1998, 280쪽.

2) 글 안에 '한센병환자'와 '나환자'라는 용어가 혼용되고 있는데, 이는 인용하는 글에서 사용한 용어들을 살리려 했다는 점을 밝혀 둔다.

이신 예수께서 세상 안으로 들어오신 사건이 버림받고 낮은 자들의 친구가 되어 그들에게 구원의 희망을 주신 사건이라면, 애양원의 사역은 그 분 예수 그리스도의 정신을 배우고 닮아 실천하며 사랑을 전하여 많은 사람을 예수 그리스도의 품으로 인도한 소중한 사명 감당의 장소였다고 말할 수 있을 것이다. 예수 그리스도께서는 이웃을 사랑하라고 가르치시면서 선한 사마리아인의 비유를 통해 이웃사랑의 의미를 일깨워 주셨다. 애양원은 이웃사랑에 대한 예수 그리스도의 사랑의 마음을 배워 실천했던 한 의료선교사로부터 시작되었다. 그러나 그 사랑의 행동이 한 사람에게서 멈췄다면 애양원의 역사는 지속되지 않았을 것이다. 그 같은 사랑의 마음을 간직한 사람들이 많았기 때문에 애양원은 지속될 수 있었고, 애양원을 통해 희망이 없던 수많은 한센병 환자들이 희망을 찾고 새로운 삶을 시작할 수 있었던 것이다. 이에 필자는 이 글을 통해 애양원의 설립배경과 그 이후의 과정들, 즉 여수로 이전하여 더욱 활발하게 진행되었던 그 과정들에 대해서 살펴보려고 한다.

II. 애양원의 설립

1. 애양원의 설립 배경[3]

미국 남장로회가 파송한 선교사들은 복음전파와 함께 의료 선교에 많은 관심을 가지고 군산에는 의사 드루(Damer Drew), 전주에는 잉골드(Mattie Ingold), 그리고 광주에는 오웬(C. C. Owen)을 파송하여 사

---

3) '애양원'이라는 이름은 후에(1935.3.15) 개명이 되어 현재까지 사용되고 있지만, 필자의 글에서는 글의 시작부터 '애양원'이라는 이름을 사용하기로 한다는 점을 밝혀 둔다.

역하도록 했다.[4] 오웬은 버지니아 주 블랙월넛(Black Walnut) 출신으로 선교사역을 위해 신학과 의학교육 둘 다 받았기 때문에 복음사역과 의료사역을 같이했다.[5] 전주선교부의 경우 1897년 정착한 선교사 잉골드(Dr. Mattie, B. Ingold)가 의료선교를 시작한 후 이를 이어 전주예수병원을 설립하는 데까지 이르렀고, 목포에서도 1896년에 내한한 오웬(Clement C. Owen)이 광주로 오기 전에 진료소를 설립, 환자를 진찰하면서 병원을 통한 선교를 시작했다. 광주선교부 역시 현재의 기독병원으로 이어질 정도로 오래된 의료선교의 역사를 지니고 있다.[6]

목포에서 진료소를 세워 환자를 돌보던 오웬 목사는 1904년 12월 배유지 선교사와 함께 광주로 선교지를 옮겨 그 관할구역인 전라남도 동부 지역의 능주, 화순, 보성, 순천, 여수, 장흥 등지에서 선교활동을 하여 보성 무만동교회를 비롯한 30여 개의 교회를 직·간접적으로 개척하면서 심혈을 기울여 선교 사역을 감당하던 중에[7] 고열을 동반한 폐렴에 걸리고 말았다.[8] 오웬이 1909년 봄에[9] 집에서 70마일 떨어진 순천지역을 순회하던 중 오한과 고열에 시달리자 그의 조력자들이 그를 가마에 태워 이틀 밤낮을 이동하여 자정쯤 광주에 도착했을 때 오웬은 거의 죽음을 앞두고 있었다. 가마는 다리가 긴 서양 사람의 경우 건강한 사람일지라도 더없이 불편했으며 시간 또한 많이 걸릴 수밖에 없는 이동 수단이었다.[10] 오웬은 죽음을 앞둔 그 고통 중에서 '누가 나를 쉬

4) 차종순 역, 『한국 개신교 초기의 선교와 교회 성장』, 목양사, 1985, 197-201쪽.

5) 장봉학, 『한국선교의 개척지들』, 육일문화시, 2011, 378쪽.

6) 애양원 100년사 간행위원회, 『구름기둥, 불기둥』, 북인, 2009, 19-20쪽.

7) 안기창, 『미국남장로교 선교 100년사』, 도서출판 진흥, 2010, 140쪽.

8) Graham Ella, letter *"Dearest Alice"* May 20, 1909, The Archives for Korea Church history study, *Personal Reports of the Southern Missionaries in Korea*, 1집, vol. 9.

9) 차종순 역, 앞의 책, 222쪽.

10) 메리 스튜어트 윌슨 메이슨, 『베스와 맨튼』, 사회복지법인 여수애양원 편, 북인,

게 해줬으면'[11] 하는 말을 하며 자신이 겪고 있는 그 고통의 심각성을 토로했다고 한다. 그는 13개 군내에 있는 관할지역을 돌며 사역을 감당하느라 한 번 순회여행을 떠나면 한 달 이상을 집에서 떠나 있게 되었다. 그가 세상을 떠나기 며칠 전 그의 딸이 "왜 아빠는 우리와 같이 집에 안 계셔요?"[12]라고 말하며 아버지에 대한 보고픈 그리움을 토로했다고 한다. 오웬은 순천 여수 지방에 최초로 기독교를 전해준 선교사였는데, 그는 선교의 씨를 뿌리고 32세의 젊은 나이에 세상을 떠났다.[13]

수피아여학교의 초대 교장을 지낸 그래햄(Graham Ella iberia)은 에리스(Alice)에게 보낸 편지에서 "우리의 충실한 선교사가 폐렴으로 몹시 아픈 3일간의 여행으로 시골에서 실려 온 것에 대한 슬픔으로 가득 차 있었다. 그는 곧 엄청난 충격과 큰 슬픔에 빠진 선교지역을 남기고 그의 천국으로 부름을 받았다; 그는 매우 많은 사랑을 받았으며, 그의 선교사역에 훌륭하게 사용되었다."[14]고 기록하고 있다. 신실하게 임한 오웬의 선교모습을 볼 수 있게 한다. 군산에서 선교사역을 감당하던 전킨(Willam McCleary Junkin)은 그의 어머니에게 보낸 편지에서 "우리는 목포에 있는 오웬 으로부터 편지를 받았는데, 그 편지 안에는 33엔 혹은 16.50달러가 들어 있었다. 그것은 이곳(군산)에서 기근으로 고생하고 있는 환자들을 돕도록 하기 위해 목포에 있는 그리스도인들이 모금

<hr>

23-24쪽. 오웬이 폐렴에 걸린 장소에 대해서는 논란이 있지만 필자는 순천지역이라고 기록하였음을 밝혀둔다.

11) J. F. Preston, "Korea," *The Missionary*, June 1909, 320; *Mission to Korea*, p. 62. Martha Huntley, 앞의 책, 223쪽에서 재인용. 오웬은 광주에 도착한 후 4일 만에 별세하였다고 한다.

12) 애너벨 메이저 니스벳, 한인수 역, 『호남 선교 초기 역사』, 경건, 1998, 96쪽. 그의 선교 마지막 해에 그는 200명에게 세례, 430명에게 학습을 주었다.

13) 김윤수, 『장천교회 110년사』, 전주: 신아출판사, 2017, 128쪽.

14) Graham Ella, letter *"Dearest Alice"* May 20, 1909, The Archives for Korea Church history study, *Personal Reports of the Southern Missionaries in Korea*, 1집, vol. 9.

한 돈에 오웬 자신의 것을 합하여 보내진 것이었다."고 기록하고 있다.[15] 오웬이 타 지역의 선교지에까지 관심을 가지고 헌신적으로 사역했던 선교사였음을 알게 하는 부분이다.

오웬이 광주에 도착하자 1908년에 부임하여 오웬과 함께 광주 진료소를 운영하고 있던 윌슨 박사(Dr. Robert Manton Wilson)는[16] 불가능한 가능성을 기대하면서 오웬을 치료하기 위해 목포 프렌치 기념병원에서 선교하던 의사 윌리 해밀턴 포사이드(Wiley H. Forsythe)박사를 불렀고, 포사이드 박사는 말을 타고 출발했다. 그런데 그래햄에 따르면 "포사이드가 오고 있는 도중에 더 이상 진료가 필요치 않다는 말을 듣고 그는 걸음을 늦추었다."[17]고 기록하고 있다. 포사이드는 광주에서 13마일쯤 떨어진 남평 부근에 이르러 한센병 말기의 여인이 길가에 누워 있는 것을 발견했다.[18] 이 여인이 질병으로 인해 그곳에 버려진 것인지 아니면 길을 가다가 병을 이기지 못해 그곳에 쓰러져 있었던 것인지에 대해서는 정확히 말하기가 어렵다. 왜냐하면 니스벳(Anabel Major Nisbet)에 따르면 그 무렵 한국인들은 "나병에 대한 두려움이 별로 없는 것처럼 보인다. 지금까지 그들을 사회에서 분리시키려는 시도는 없었다."[19]고 기록하고 있기 때문이다. 심지어 이눌서 목사 부인(Mrs. Reynold)을 도와 요리에 도움을 주던 와우디(We-Ud-y)라는 사람이 있었는데, 그도 나병환자였다고 한다. 하루는 잉골드(Ingold) 의사와

---

15) Willam McCleary Junkin, letter *"My precious Mother"* Jan 4, 1902, The Archives for Korea Church history study, *Personal Reports of the Southern Missionaries in Korea*. 1집, vol. 10.

16) 애양원 100년사 간행위원회, 앞의 책, 21쪽.

17) Graham Ella, letter *"Dearest Alice"* May 20, 1909, The Archives for Korea Church history study, *Personal Reports of the Southern Missionaries in Korea*. 1집, vol. 9.

18) 안기창, 앞의 책, 140쪽.

19) 애너벨 메이저 니스벳, 한인수 역, 앞의 책, 66-67쪽.

이눌서 목사의 가족이 저녁식사를 하고 있을 때, 와우디가 접시를 나르다가 떨어뜨려 깨뜨리고 말았는데, 그것을 이상히 여긴 잉골드가 그의 손을 보여 달라고 한 후에서야 그가 나병환자라는 것을 알았다고 한다.[20]

어떻든 그녀가 그곳에 버려진 이유에 대해서는 우리가 정확히 알 수는 없지만 그녀는 그곳에 그렇게 버려져 있었던 것이다. 포사이드가 목포를 출발하여 나주에 도착한 시간이 밤이었기 때문에, 그는 신음소리를 듣고 말에서 내려 자기가 가진 손전등의 불빛을 통해 환자의 상태를 확인하고 자기가 타고 가던 조랑말에 그녀를 태워 13마일을 더 이동하여 광주에 도착했다.[21] 포사이드가 이 환자를 데려온 날은 1909년 4월 5일이었다.[22] 그 여인을 의무실에서 잠시 돌보다가 이틀 후 윌슨 박사는 병원 건축을 위해 사용했던 버려진 벽돌 굽는 가마에 그녀가 있을 곳을 마련해 주었고, 오웬 부인은 그녀에게 자기 남편이 사용했던 침대를 내주었다.[23] 포사이드가 한센병에 걸린 여인을 데리고 광주에 도착했을 때 오웬 목사는 이미 죽은 상태였기 때문이다.[24] 포사이드가 환자를 데려온 날이 1909년 4월 5일이고, 이틀 후에 벽돌 가마를 임시치료소로 삼아 한센병 환자를 수용했기 때문에 광주에서 나병원을 개설한 날은 1909년 4월 7일이라고 볼 수 있겠다.[25] 당시에 포사이드 박사의 모습을 본 광주 선교지회에 있던 한 회원은 벽돌 굽는 가마에서 있었던 장면에 대해 "… 포사이드 박사는 지금 이 순간 병으로 역겹고, 더럽고, 오랫동안 버려진 그 여인의 팔을 붙잡고 있다. … 그녀의 머리는

20) 애너벨 메이저 니스벳, 한인수 역, 앞의 책.

21) 메리 스튜어트 윌슨 메이슨, 앞의 책, 24쪽.

22) 애양원 100년사 간행위원회, 앞의 책, 29쪽.

23) 조지 톰슨 브라운, 천사무엘·김균태·오승재 역, 『한국 선교 이야기』, 동연, 2010, 150쪽.

24) 차종순, 『애양원과 손양원 목사』, 삼화문화사, 2005, 65쪽.

25) 애양원 100년사 간행위원회, 앞의 책, 29쪽.

어쩌면 몇 달 동안 혹은 몇 년 동안 빗질을 하지 않았고, 옷은 헐고 더러웠으며, 그녀의 발과 손은 붓고 종기로 덮여 있었다. … 한 발은 짚신을 신었고 다른 한 발은 두꺼운 종이로 싸매고 있었다."[26]고 묘사했다. 포사이드에 대한 마음을 잘 표현하고 있는 것 같다.

필자는 여기서 포사이드가 애양원이 태동하도록 동기를 부여한 의사였기 때문에 그에 대한 몇 가지의 사실을 소개하고자 한다. 포사이드는 1873년 12월 25일 미국 켄터키에서 태어나 켄터키 주 루이빌 의과대학을 졸업하고,[27] 선교사를 지원하여 한국에 의료선교사로 파송되었다. 그는 1904년 전주예수병원 의사로 내한하여 선교활동을 시작했는데,[28] 그가 전주예수병원에 근무하던 당시 시골마을로(오늘날 김제군 공덕면 저산리로 부르는) 순회 진료를 갔다가 변을 당하여 큰 부상을 당한 사건이 있었는데, 그 일로 인해 그는 1906년 미국으로 들어가 치료하며 요양을 하다가 1907년 목포로 돌아와 오웬의 뒤를 이어 의료사역을 감당하던 중에[29] 오웬의 일로 윌슨의 부름을 받고 광주로 오던

---

26) Mrs. C. C. Owen, "The Leper and the Good Samartian," *The Missionary*, August, 1999, 408. 조지 톰슨 브라운, 천사무엘·김균태·오승재 역, 앞의 책, 150-151쪽에서 재인용.

27) 양국주, 『살아 있는 성자 포사이드』, 서빙더피플, 2018, 6쪽. 포사이드가 졸업한 의과대학에 대해서는 이견이 있는 것 같다. 애양원 100년사 간행위원회에서 펴낸 『구름기둥, 불기둥』, 21쪽을 보면 포사이드가 프린스턴 의과대학을 졸업한 것으로 기록하고 있다. 그런데 필자가 확인한 바로는 프린스턴 대학에는 의학부가 없는 것으로 확인되었다.

28) 애양원 100년사 간행위원회, 앞의 책, 21-22쪽.

29) 위의 책, 22-23쪽. 예수병원에 근무하던 그는 전주에서 멀리 떨어진 어느 마을에서 진료를 필요로 하는 사람이 있어서 왕진을 갔는데, 환자를 진료하다가 밤이 늦어 귀가하지 못하고 그 집에서 유하게 되었는데, 그 날 밤 환자의 집에 강도가 침입하여 흉기를 휘둘러 포사이드는 머리에 큰 상처를 입고 과다출혈로 쓰러지고 말았다. 주민들의 연락으로 전주선교부는 2명의 선교사를 보내 그를 데려오게 되었다. 당시 그가 입은 상처는 너무나 심해 목숨을 잃을 수도 있는 상황이었는데, 다행이 지역 주민 가운데 한의학을 공부한 사람이 있어 응급처치를 하여 생명을 건질 수 있었다고 한다. 이 부분에 대해서는 양국주, 앞의 책, 14쪽 이하를 참조

과정에서 한센병 환자에 대한 상황이 전개된 것이다. 포사이드는 한센병원 설립의 중요한 계기를 제공해 준 후, 자신의 임지가 있는 목포로 돌아가서 사역을 감당하다가 전에 입은 상처 때문에 계속 사역을 이어가지 못하고, 2년 후인 1911년 미국으로 들어가 병에 시달리다 1918년 5월 45세의 젊은 나이로 숨을 거두었다.[30] 포사이드가 졸업한 웨스트민스터 대학 채플의 남쪽 창에는 포사이드를 기리기 위해 친구들이 모금한 돈으로 세운 스테인드글라스가 있으며, 친구들은 그를 '살아 있는 성자'라고 불렀다고 한다.[31] 포사이드에 대한 아름다운 평가는 한국선교사로 파송받은 동료 선교사를 통해서도 확인할 수 있다. 전주선교부에서 활동하며 기전여학교 교장을 역임한 랭킨(Cornelia Beckwith Rankin-한국명: 나은희)은 포사이드가 "훌륭한 사람"이라고 평가를 받고 있으며 "한국인들에게 가장 인기 있는 것 같다"고 그의 편지에 기록하고 있다.[32] 포사이드는 의사로서 충실한 사역을 감당하면서도, 시장이나 여관에 가서 사람들에게 복음전하는 것을 더 좋아했다고 한다. 그래서 "그는 본질적으로 '복음의 사람'이었고, 그 복음을 전하려는 불타는 열망을 가진 사람이었다."고 평가받기도 했다.[33]

2. 애양원의 설립

한센병 환자들을 위한 병원설립의 중요한 계기를 제공한 포사이드는

하기 바란다.

30) The publication committee for Aeyng-won's 100-year history, *Pillar of Cloud, Pillar of Fire* (Seoul, bookin, 2009), 29-30쪽.

31) 양국주, 앞의 책, 8쪽.

32) 송상훈 역, 『사랑을 심는 사람들』, 보이스사, 2000, 77쪽. 이 내용은 Rankin 이 1908년 5월 22일에 Georgia에게 보낸 편지 내용 가운데 일부이다.

33) 애너벨 메이저 니스벳, 한인수 역, 앞의 책, 68쪽.

자신의 사역을 위해 목포로 돌아가고 이제 이후의 일은 광주선교부의 윌슨이 책임을 지게 되었다.[34] 당시 윌슨은 놀란(J. W. Nollan)이 1905년 진료를 시작하여 진행 중이던 광주기독병원(당시는 제중원—Ella Graham Hospital이라 칭하였음)을 이어받아 사역하던 중이었기 때문에,[35] 낮에는 광주기독병원 업무를 처리하고, 밤에는 나병원으로 돌아와 업무를 감당해야 하는 어려움을 감수해야 했다.[36] 윌슨뿐만이 아니라 당시 의료선교사들의 하루일과는 매우 바쁘게 돌아갔다. 그래서 어떤 의사들은 긴장 때문에 건강이 악화되어 선교지를 떠날 수밖에 없는 경우도 있었다.[37] 지난 1세기 동안에 남장로교 선교 본부로부터 "정상근무"(계속근무) 선교사로 지명받은 23명의 의사 가운데서 윌슨 한 사람만이 은퇴 시까지 한국에서 봉사하였을 정도이다.[38]

광주선교부는 한센병환자의 이 사건을 계기로 한센병환자들을 지속적으로 치료하고 돌보기 위해 모금을 시작하여, 우선 대여섯 사람을 돌볼 수 있는 방 세 개가 있는 집을 지었다. 그리고 윌슨은 더 효과적인 사역을 감당할 방안을 모색하기 시작했는데, 그가 작성한 나병원 운영

---

34) The publication committee for Aeyng—won's 100—year history, 앞의 책, 29쪽.

35) 이덕주, 「일제 강점기 순천 선교부와 지역사회」, 『기독교 선교와 한국사회』, 선인, 2019, 74쪽.

36) 애양원 100주년 간행위원회, 앞의 책, 42쪽.

37) Martha Huntley, 앞의 책, 218쪽. 윌슨은 하루 일과를 전형적으로 말하였는데 다음과 같다. "8시에 간호원들과 기도회, 8시 30분에 병실에서 직원들과 기도회, 조수들과 함께 환자 한 사람 한 사람을 위한 병실방문기도, 아침 감독 순찰, 입원실 환자 검진 등. 식당과 전기실 검사, 새 건물 공사 감독 … 인부들에게 나무를 자르고 울타리를 손보라고 이르고 … 그러고 나서 진료를 시작하면 … 특별 중환자 케이스는 나에게 전담되고 … 점심 … 점심 후에는 수술실로 간다. 첫 수술은 한국 한의사의 불결한 바늘 때문에 생긴 갑상선 염증 수술이었고, 두 번째는 침을 잘못 놓아서 혀에 종양이 생긴 것이고. … 세 번째는 목에 종양 … 그러고 나서 두 건은 안과계통 수술이었고, 포경 수술이 1건이었다. … 여섯시에는 분만 케이스 … 저녁 … 저녁 후에도 또다시 병원에서 호출한다.

38) 위의 책, 224쪽.

보고서를 보면 "앞으로 한국 나병은 25년이면 모두 사라질 수 있다.…
각 선교회가 모두 한마음이 되어 그 역할을 감당해준다면 가능할 것 같
다. 방방곡곡에 방치되어 있는 환자들을 치료하고 그들에게 재활의 길
을 마련해주는 사업을 우리가 아니면 누가 맡을 것인가?"라며 남장로
회뿐만 아니라 한국 내에서 사역하는 모든 선교회에 지원을 요청했
다.[39] 윌슨은 에든버러에 있는 극동지역 한센병 협회에도 재정청원을
하여, 2,000달러의 착수금을 받았다.[40] 선한 일을 위한 그의 노력이 효
과를 거두기 시작한 것이다. 광주선교부는 1911년 열두 번째 연례회에
서 마셔(Messers), 벨(Bell Eugene), 탤미지(John. V. N. Talmage) 그리고
윌슨에게 한센병 병원 관리의 책임을 맡겼다.[41] 1911년 선교부가 제한
적으로나마 한센병환자의 집을 여는 것을 승인하고 이듬해에 광주의
집을 봉헌하였는데, 에든버러 협회의 자금으로 지었기 때문에 E자형으
로 건축을 하여 한 동은 남자 병동, 다른 한 동은 여자 병동, 그리고 중
심에는 의무실과 부속 예배당을 두었다.[42]

한 해 뒤 한센병선교회의 베일리(W. C. Bailey) 씨 부부가 광주를 방
문한 후, 한센병선교회는 100명의 환자를 수용하는 집으로 확대할 수
있는 비용을 부담하겠다고 결정했다.[43] 이웃들의 이러한 따뜻한 사랑
에 의해 환자들은 희망을 가지고 치료를 받을 수 있게 되었다. 윌슨은
1913년 3월에 발간된 *The Missionary Survey*에 "우리는 하나님께 이 훌
륭한 집을 봉헌하고 환자들 중에서 우선 21명을 수용하여 편안하고 따

---

39) 애양원 100주년 간행위원회, 앞의 책, 42쪽.

40) 조지 톰슨 브라운, 천사무엘·김균태·오승재 역, 앞의 책, 151쪽.

41) 박태영, 「미국 남장로교 선교사 윌슨의 한센병 환자 수용소 운영에 관한 연구」,
    한국교회역사복원연구회, 『한국교회역사복원 논총』 1, 대한기독교서회, 2019,
    96쪽.

42) 조지 톰슨 브라운, 천사무엘·김균태·오승재 역, 앞의 책, 151쪽.

43) 위의 책, 152쪽.

뜻한 방을 제공하였다. … (이제) 그들은 따뜻한 물에 몸을 씻고 깨끗한 옷으로 갈아입은 후 음식을 먹었다. 그들에게 이 집은 정말 우리 집이라고 부를 수 있는 곳이다"[44]라고 기고하였는데, 이는 당시 환자들에게 제공된 병원의 의의에 대한 그의 생각이라고 할 수 있을 것이다.

당시 우리나라 안에는 한센병환자를 대상으로 한 병원은 세 곳이었는데, 광주나병원과 부산나병원 그리고 1913년 대구동산병원의 선교사 플레처가 주도하여 설립한 대구나병원, 이 세 곳이다. 1917년 발표된 한국미션회 월례선교보고서에 따르면 이 중 당시 광주나병원의 입원환자 수가 237명에 달하여 부산나병원이나 대구나병원에 비해 2배 가량 많은 것으로 언급하고 있는데,[45] 이는 광주나병원의 환경이 다른 곳들보다 더 좋았다는 것을 입증한다고 볼 수 있겠다. 광주나병원은 이렇게 전국적으로 좋은 평을 받았을 뿐만 아니라 1923년에는 조선총독부 사립병원 취체규칙에 의하여 병원으로 정식 인가를 받게 되어[46] 조선총독부는 광주나병원 사역의 중요성을 인식하고 1923년 17,300엔에 달하는 보조금을 지급하기로 결정했다.[47] 천도교 계통의 잡지 『개벽』은

---

44) 애양원 100주년 간행위원회, 앞의 책, 33쪽.

45) 위의 책, 32-33쪽. 이 숫자가 다소 차이가 있게 기록된 글도 있다. 이만열, 『한국기독교의료사』(서울: 아카넷, 2003), 483쪽, 485쪽, 490쪽 참조. 가령 광주의 경우 1917년에 196명, 1918년에 242명, 1919년 248명으로 그 숫자가 꾸준히 늘고 있음을 볼 수 있는데, 부산의 경우 1917년 153명, 1919년 150명으로 그 숫자가 줄어들었으며, 그것도 1918년의 숫자는 빠져 있다. 그리고 대구의 경우 1917년에 100명, 1919년도 100명으로 숫자의 변동이 없고, 대구 역시 1918년의 숫자는 빠져 있다. 그러므로 필자가 인용한 부분의 숫자는 큰 문제가 되지 않는다고 본다. 왜냐하면 통계 시점이 그해 초였는지 아니면 그해 말이었는지에 따라 조금씩 차이가 날 수 있기 때문이다. 광주의 경우 숫자가 꾸준히 늘어나고 있었기 때문에 1918년 숫자가 242명이었으므로 1917년 말을 기준으로 한다면 충분히 237명으로 증가하였을 수 있기 때문이다.

46) 애양원, 『애양원 연보』, 2017, 9쪽.

47) The publication committee for Aeyng-won's 100-year history, 앞의 책, 34쪽. 이는 당시 한국인 1인당 1년 생활비가 평균 70엔 가량이었다는 점을 감안하면 꽤 많

"전라도의 나병원은 … 기독교의 큰 공적이다."[48]라고 평가하기도 했다.

당시에는 나환자를 위한 특별한 치료방식이 없었기에 대풍자유를 이용한 치료를 시도했는데, 그 처방으로 완치되는 경우도 있었다고 한다.[49] 『동아일보』는 나환자 치료에 효과적인 대풍자나무의 치료 효과에 대해 다음과 같이 기록하고 있다. "광주나병원은 설립된 이래 성적이 매우 양호하여 동 병원에서 치료를 받고 퇴원한 20여 명은 재발의 형적이 없다고 한다. 병원장 윌슨 씨에 의하면 대풍자유를 많이 쓰는 데 큰 효과가 있다고 하며…"[50]라고 기록하고 있다. 그러나 후기에는 대풍자유를 대체하는 디디에스(DDS)와 더불어 시바1906, 람프렌, 설페트론 같은 신약들이 개발되어 한센병 치료에 더 큰 효과를 얻었다고 한다.[51] 윌슨은 완치된 사람들이 자립할 수 있는 기반을 마련하기 위해 자신의 집 지하실에 실업학교를 설치하고 목수, 철공, 미장 등의 기술을 전수하였을 뿐만 아니라, 그들이 생산한 물건의 판로까지 알선했다.[52] 광주나병원은 병원사역과 함께 병원을 찾아온 환자들에게 복음을 전하여 1913년 무렵에는 입원환자 60명 가운데 42명이 신앙을 가지게 되었다. 이에 윌슨은 이들 새신자들을 돌보기 위해 1913년 나병원교회를 정식으로 설립하는 동시에 교회의 지도자로 탈메이지(John V. N. Talmage) 선교사를 세워 일하게 한 결과[53] 1919년에는 90명의

은 액수이다.

48) 위의 책, 35쪽.

49) 애양원 100주년 간행위원회, 앞의 책, 33-34쪽.

50) 『동아일보』 1924년 5월 25일자, 3면 「癩病院의 好績」을 참고하기 바란다.

51) 애양원, 『협력하여 선을 이루다』, 13쪽. 출판사가 기록되지 않는 책임을 알려둔다. DDS는 1951년경에 개발된 것으로 기록하고 있다. 애양원 100주년 간행위원회, 앞의 책, 110쪽.

52) 애양원 100주년 간행위원회, 앞의 책, 36. 그 외에도 그는 농사짓는 법, 바느질하는 법 등도 가르쳤는데, 윌슨의 부인까지 이런 교육활동에 참여했다고 한다.

53) 위의 책, 37쪽.

세례교인과 한 명의 장로가 있는 조직교회가 세워졌다.[54] 또한 광주나 병원은 교육에도 관심을 기울여 1915년에 한센병환자 교육을 위한 봉선리초등학교를 설립했다.[55]

III. 애양원의 이주와 사역들

1. 애양원의 이주(여수 신풍리)

병원 건물이 세워지자 병원 초기에 45명이었던 입원환자가 1920년대 초에는 600명에 이르렀다. 병원건물의 최대 수용인원이 350명이었기에 병원에 입원하지 못한 환자들은 병원 주변에 움막을 치고 그곳에 거해야만 했다.[56] 환자의 수가 증가하게 되니 한편으로는 그들의 수용에 대한 문제와, 다른 한편으로는 광주 시민들의 반대가 심해지게 되었다. 이에 선교회가 병원이전 계획을 준비하고 있었는데, 총독부마저 주민들의 청원을 받아들여 남장로교 선교회 측에 병원 이전을 공식적으로 요구했다. 윌슨은 남장로교 선교회의 관할구역인 전라도 지역에 새로운 병원 부지를 마련하는 것이 가장 효율적일 것이라고 판단하고 후보지를 찾던 중 순천지역을 선택했다. 왜냐하면 순천지역은 1913년에 남장로교 선교부(Mission Station)가 설립되어 선교사역의 역사가 깊은 곳이었을 뿐만 아니라,[57] 열차 선로가 연결되어 있어서 환자들이 접근하기에도 용이한 곳이었기 때문이다.[58] 그뿐만 아니라 '나환지들이 주

---

54) 조지 톰슨 브라운, 천사무엘·김균태·오승재 역, 앞의 책, 152쪽.

55) 애양원, 『애양원 연보』, 2017, 9쪽. 후에 폐교되었다.

56) 애양원 100주년 간행위원회, 앞의 책, 32쪽.

57) 이재근 등, 『순천시 기독교 역사 박물관』, 순천시 기독교역사박물관, 2018, 7쪽.

58) 애양원 100주년 간행위원회, 앞의 책, 48쪽.

로 남쪽에 살고 있었다'[59]는 점도 고려가 되었을 것이라고 본다. 이때 애양원의 이주에 발 벗고 나선 사람들이 있었는데, 웅거(James Kelly Unger) 목사가 그 중의 한 사람이다.[60] 남장로교 선교회는 1924년 웅거 목사에게 나병원부지 확보의 책임을 맡겨 순천 근방에 적절한 장소가 있는지 알아보도록 했다.[61] 웅거는 1920년 11월에 한국에 부임하여 순천남학교(현 순천 매산학교) 교장 직을 맡아 일하고 있었는데, 나병원 사역에도 역할을 맡게 되어 모금하는 일과 함께 여수, 순천지역에 나병원 부지를 마련하는 데 결정적인 역할을 했다.[62] 애양원 이주에 크게 도움을 준 또 한 사람이 있었는데, 그가 바로 최흥종[63]목사이다. 그는 유진 벨에 의해 세례를 받은 후 포사이드에 감동을 받아 윌슨을 도와 한센병환자들을 살피던 중이었다. 최흥종 목사는 모금운동을 전개해 15만원을 모금하여, 지금의 애양원 터인 여천군 율촌면 신풍리 1번지로 옮기게 될 기반을 만들었다. 이렇게 웅거와 최흥종 등의 도움으로 인해 신풍리에 교회와 병원 그리고 숙소 등을 신축하고 1927~1928년에 한센병환자 600명을 단계적으로 이주시켜 그들을 신앙으로 지도하고 진료를 하며 돌보게 되었다.[64] 애양원교회의 당회록을 보면 이때의 이주경로는 환자들이 불편한 몸으로 광주를 출발하여 화순 너릿재를

---

59) 애너벨 메이저 니스벳, 한인수 역, 앞의 책, 137쪽.

60) 애양원 100주년 간행위원회, 앞의 책, 43쪽. 웅거(James Kelly Unger) 목사는 1920년 인디애나 주 위노나(Winona)에서 열린 복음주의 운동가 사경회 모임에 참석하였다가 윌슨을 만나 그 권유로 한국행을 결심하였다.

61) 위의 책, 48-49쪽. 선교회는 순천지역을 중심으로 하여 한 지역을 찾기로 의견을 모으고 1925년 1월 회의를 개최하여 광주나병원 이전을 공식화하기에 이른다.

62) 위의 책, 43-44쪽.

63) 최흥종은 광주 YMCA와 조선나환자근절협회를 세워 소외된 자들과 함께했기에 지금까지도 "거지들의 아버지"라고 일컬어지고 있다. 애양원 100년사 간행위원회, 앞의 책, 26-28쪽 참조.

64) 이광일, 「산돌 손양원 목사의 생애와 사상에 관한 연구」, 트리니티 신학대학원 박사학위논문, 1995, 128쪽과 애양원 연보 9쪽을 함께 참고하기 바란다.

넘어 복내, 보성, 순천을 거쳐 애양원까지 걸어서 이동하는 힘든 과정이었는데, 이주 기간은 약 6개월이 걸린 것으로 기록하고 있다.[65] 1928년 5월 23일자 『동아일보』는 "新豊半島에 癩病院新築"라는 제하에 당시 애양원의 부지 매입 과정에 대해 다음과 같이 기록하고 있다.

> 광주 양림리에 있던 나병원은 미국인 윌쓴 씨 경영으로 여수군 율천면의 신풍반도로 이전하기로 하여 16만 평을 매수하여 나병원으로서의 완전한 설비를 하려고 지방인사와 매수교섭을 하였던바 買主가 外人이라 高價를 부르고 잘 진행되지 않던 것을 同郡 유력자가 힘을 써 14만 평을 매수하게 되었다. … 그 원장인 윌쓴 씨는 입구에다가 주택을 짓고 자기가 문지기 겸 거주하려 하는 것은 위대한 헌신적 노력이라고 하겠더라.[66]

1926년에 "비더울프 나병원"(Biederwolf leper Colony)으로 개칭하여 1934년까지 사용했는데,[67] 이는 병원 이주에 가장 많은 재정적인 후원을 한 비더울프(William Edward Biederwolf, 1868~1936)[68]의 이름을 따서 그렇게 한 것이다. 비더울프 외에도 많은 사람의 지원이 있었는데, 그 중에 한 사람을 소개하면 아더 한센(Arthur Hansen)이다. 그는 의료기기 제조, 판매를 주업으로 하던 회사 에리 릴리(Eli Lily)의 북경지사장이었는데, 그가 1924년에 광주 나병원을 방문하였을 때 병원

---

65) 애양원 성산교회, 『애양원교회 100년』, 9-10쪽. 교회 자체 편집한 책자이기에 출판사 없이 기록함을 밝혀둔다.

66) 1928년 5월 23일자 제3면 사회면을 참고하기 바란다. The publication committee for Aeyng-won's 100-year history, 앞의 책, 50쪽.

67) 애양원, 『애양원 연보』, 2017, 9쪽.

68) 비더울프는 프린스턴대학을 졸업하고 이어 프린스턴신학교에 진학하여 장로교 목사 안수를 받은 복음주의운동가이다. 애양원 100주년 간행위원회, 앞의 책, 44-45쪽 참조.

밖에서 차례를 기다리는 환자들 가운데 어린 소녀 하나를 발견하고 그 소녀의 입원비 일체를 부담하기로 했다.[69] 그는 돌아가는 길에 당시의 감회를 시로 남겼는데, 그 시는 지금도 전해지고 있어 소개하고자 한다.

> 한 소녀가 문 밖에 서 있었습니다.
> 그 아이의 눈에는 눈물이 가득 차 있었습니다.
> 너무나 어린 나이였는데
> 그 작은 문둥 소녀는 홀로 내버려져 있었습니다.
> 나는 병원 수위를 찾아 그다지 많지 않은 돈을 치러 주었습니다.
> 액수는 너무 적었지만 그 아이에겐 천국을 선물한 돈이었습니다.
> 나에게는 더더욱 그러했습니다.
> 문을 지나 들어가면서 그 소녀는 내게 웃음을 지어 보였습니다.
> 그 조그마한 소녀가 나에게 천국이 무엇인지 가르쳐주었습니다.
> – 「버림받은 자」, 아더 한센[70]

이렇게 비더울프 외에도 도움을 주고 크게 감명을 준 사람들도 있었지만 비더울프가 가장 많은 재정적인 후원을 하였기에 초창기 병원의 이름을 비더울프 나병원이라고 부른 것이다. 그 후 윌슨은 새로운 병원 이름을 공모하였는데, 당시 원생이었던 정치선 씨가 '사랑으로 양을 키우는 동산'이라는 의미의 "애양원"(愛養園)으로 응모하여 당선된 후 1935년 3월 15일부터 병원 이름이 "애양원"[71]으로 불리게 되었다.[72]

---

69) The publication committee for Aeyng-won's 100-year history, 앞의 책, 45쪽.

70) 애양원 100주년 간행위원회, 앞의 책, 46쪽.

71) 애양원 성산교회, 앞의 책, 12-13쪽.

72) 이광일, 앞의 논문, 128쪽.

이때 재원자의 수는 749명에 이르렀다.[73]

2. 애양원의 사역들

애양원은 병원사역뿐만 아니라 교회를 건축하여 환자들과 가족들에게 그리스도의 복음을 전하고, 학교를 세워 일반인들과 어울리지 못했던 환자들의 가족들에게 배움의 기회를 주었으며, 함께할 수 있는 공동체를 형성하여 그들에게 재활과 새로운 삶의 의지에 대한 방향을 제시해 주었다. 이에 필자는 애양원이 신풍반도로 이주하여 진행한 사역들에 대해 살펴보고자 한다. 물론 이주 이후에 전개된 사역들이라 할지라도 이미 이주 이전에 진행되었던 일들의 연장선상에서 진행이 되는 경우도 있다는 점을 먼저 밝혀두고자 한다.

1) 병원

애양원의 사역은 병원사역에서부터 시작이 되었고 그 병원 사역을 중심으로 다른 사역들도 함께 진행이 되었다. 광주에서 시작된 애양원의 병원 사역은 신풍으로 이주하여 병원과 병사 건물이 건축됨에 따라 더욱 활발하고 조직적으로 전개되었다. 병사는 신풍반도 중간 둔덕을 기준으로 남자촌과 여자촌으로 나뉘어 환자들을 거하게 했다. 남자환자의 거주지는 1976년 정착촌인 도성마을의 건립으로 사라지게 되었고, 여자 환자의 거주지는 아직도 그 건물이 몇 채 남아 있기에 당시 병사의 모습을 확인할 수 있다.[74]

---

73) 애양원, 『애양원 연보』, 2017, 9쪽.
74) 애양원 100주년 간행위원회, 앞의 책, 56쪽.

줄지어 늘어선 남자병사, 현재는 이곳에 도성마을이 자리잡고 있다.

　그리고 이주 초기에 건축된 2층짜리 석조건물인 병원 본관도 잘 보
존되어 현재는 애양원 역사기념관으로 활용하여 당시의 상황을 보여주
고 있다. 당시 병원에는 조명시설이 마련되지 않았기에 천장에 유리창
을 설치하여 천연광을 모아 이용하도록 했다. [75]

초기의 애양병원

햇빛을 이용한 수술실

75) 위의 책.

신풍으로 이주한 애양원은 처음에는 한센환자들을 돌보는 일을 하였지만 토플(Stanley Topple-도성래) 선교사의 애양원 사역과 함께 (1959~1981) 한센병환자와 일반 지체장애환자들을 같이 입원 치료하게 되었는데, 이는 당시 한센병환자에 대한 일반인들의 정서로 볼 때 매우 신선한 의지와 실천이었다고 볼 수 있다. 하지만 이 일이 안정적으로 정착되어 1967년에는 병원을 신축하고 더 많은 지체장애 환자들을 수술하였을 뿐만 아니라 그들을 위한 의지실과 그들의 치료 후 생활을 위한 양재학교를 운영하기도 했다.[76] 토플은 자신이 애양원에 도착하여 수술하던 때의 상황들을 비교적 상세하게 기록하고 있다.

> 그 당시 수술을 할 때에는, 미군이 주고 간 기름 난로로 수술실을 미리 덥혔습니다. … 수술실의 조명은 윌슨원장이 예전에 천장에 창문을 달아놓아 그 채광을 사용하여 수술을 하였습니다. … 보통전기가 없었으므로 우리는 가끔 광부가 사용하던 것과 같은 바테리로 작동하는 머리 램프를 이용하였습니다. … 순환간호사의 중요한 일 중 하나는 손전등을 들고 수술 부위를 비춰주는 것이었습니다. 그러므로 비가 오거나 흐린 날은 수술 시야가 매우 불량할 수밖에 없었습니다.[77]

당시 병원 사정과 수술환경이 얼마나 열악한 상황이었는지를 짐작케 한다. 애양병원은 이렇게 어려운 과정들을 잘 견디어내고 지금은 내과도 개설되어 187병상(2010년 현재)을 가진 병원으로 선교에 헌신하고 있다.[78]

---

76) 애양원, 『협력하여 선을 이루다』, 3쪽.
77) 위의 책, 9쪽.
78) 애양원, 『애양원 연보』, 2017, 11쪽.

2) 교회

애양원의 교회는 광주나병원이 설립된 직후부터 입원환자 전원을 구성원으로 하여 설립되어 있었으며, 출범 당시 나병원이 자리 잡은 지역의 이름을 따서 교회 이름을 '봉선리교회'라고 불렀다. 봉선리교회 담임은 탈메이지(John V. N. Talmage)가 맡았지만 남장로교 선교사들이 개척한 광주양림교회의 목사들도 동사목사로 서로 협력했다.[79] 봉선리교회는 초기부터 제주도에 원용혁, 김재진 등의 전도인을 파견하였는데, 제주도에 파견한 전도인들은 부재리교회, 두모리교회를 설립하는 데 일익을 담당했다. 제주 기독교사를 보면 원용혁이 영재야학부를 설립해서 청소년들을 모아 교육함으로 제주도에 근대교육의 토대를 마련했다고 기록하고 있다.[80] 개봉선리교회는 1920년대 중반에는 출석교인의 수가 600명을 넘을 정도였고, 그 중에 세례교인 수도 400여 명에 이르렀다.[81] 나병원이 여수로 이주하여 새로운 정착지에 교회를 세울 때 미국인 석은혜의 도움으로 교회당을 건축하였기에 윌슨은 이를 기념하기 위해 잠시 동안 '석은혜 예배당'이라고 불렀다. 그 후 김응규 목사가 교회를 새롭게 건축한 후 지명을 따라 신풍교회당이라고 부르게 되었으며,[82] 1982년 2월 28일부터는 교회 명칭을 '애양원 성산교회'로

---

79) 애양원 100주년 간행위원회, 앞의 책, 62쪽.

80) 박용규, 『제주 기독교회사』, 생명의말씀사, 2008, 176쪽. 그리고 1924년 4월에 제주 성내교회에 제주 최초의 유치원인 관인 중앙유치원을 개원했다고 기록하고 있다.

81) 애양원 100주년 간행위원회, 앞의 책, 63쪽.

82) 애양원 성산교회, 앞의 책, 12쪽. 같은 책, 25쪽에서는 1928년 2월 10일에 신풍교회로 개명하였다고 기록하고 있다. 참고로, 애양원 100주년 간행위원회, 앞의 책, 64에서는 교회 명칭 변경에 대해 다르게 기록하고 있다. 처음 이주하여 신풍교회로 하였다가 후에 석은혜 예배당이라고 잠시 부른 후 병원이 애양원으로 바뀐 뒤에 애양원교회로 부르게 되었다고 기록하고 있다. 그러나 필자는 애양원 교회에서 발간한 책이 더욱 사실에 가깝다는 판단에 따랐음을 밝혀 둔다.

개명하여 오늘에 이른다.[83] 여수로 이주한 직후 웅거 목사가 교회를 돌보다가 1928년 6월 안식년을 맞이하여 미국으로 귀국하게 되자, 광주 금정교회 담임목사였던 김응규 목사가 웅거의 뒤를 이어 사역을 감당했다.[84] 애양원교회는 낮 12시에 타종을 하고 타종에 맞추어 어김없이 정오기도를 갖는 등 신앙교육에 매우 철저했다.[85] 1938년 10월 김응규 목사가 교회를 사임하고 손양원[86] 목사가 1939년 7월에 애양원교회에 부임하게 되면서,[87] 손양원 목사와 관련된 여러 가지 사건들로 인해 애양원교회는 더욱 널리 알려지게 되었고, 손양원 목사는 애양원의 상징처럼 각인되었다. 애양원교회는 자신들이 받은 사랑을 교회 개척을 통해 나누는 모범을 보였는데, 2008년까지 국내에 37개 처 교회를, 해외에는 미얀마와 캄보디아 두 곳에 두 개의 교회를 개척하여 모두 39개처 교회를 개척하는 선교하는 교회가 되었다.[88] 여기서 한 가지 밝혀두고자 하는 것은 손양원 목사가 애양원에 처음 부인할 당시에는 전도사

---

83) 위의 책, 40쪽.

84) 애양원 100주년 간행위원회, 앞의 책, 64쪽. 김응규 목사는 전주 출신으로 목포 양동교회를 재직하던 중 1923년 광주나병원의 후원요청을 위해 찾아온 웅거 목사를 만난 것이 계기가 되어 한센병환자들을 위한 헌신의 생각을 하게 되었고 이로 인해 애양원 교회의 목회를 결심하게 된 것으로 보인다.

85) 위의 책, 65쪽. 병원 관계자에 의하면 지금은 타종하지 않고 있지만 약 3년 전까지만 해도 타종을 하여 기도하는 시간을 가졌다고 한다.

86) 손양원의 본명은 손연준이었는데 애양원에서 일생을 바친다는 의미에서 '애양원'의 '양원'이라는 글자를 따라 손양원으로 개명하였다. 그의 부인 역시 본명은 정쾌조 인데 '애양원'의 '양'자를 따라 정양순으로 개명하였다고 한다. 이홍술,「순교자 손양원 목사의 윤리사상에 대한 연구」, 장로회신학대학교 대학원 석사학위논문, 1993, 1쪽. 각주 부분 참조.

87) 임희국·이치만·최상도, 『손양원의 옥중서신』, (주)제일프린테크, 2016, 6쪽. 참고로 애양원 성산교회, 교회를 개척한『애양원교회 100년』, 37–38쪽에서는 8월로, 오병학,『손양원』, 규장문화사, 1992, 73쪽에서는 7월에 부임한 것으로 되어 있다.

88) 애양원 성산교회, 앞의 책, 14–21쪽.

였는데, 신사참배 거부로 투옥되었다가 출옥 후 1946년에 경남노회에서 안수를 받아 목사가 되었다[89]는 점이다.

애양원교회와 교유들(풋말의 왼쪽에 서 있는 사람이 김응규 목사).

3) 학교

애양원은 1916년 한센병환자 교육을 위해 봉선리 초등학교를 개교하여 환자들에게 교육을 시켜오다가[90] 애양원을 여수로 이전한 후 봉선리 초등학교를 신흥학교로 개명하여 개교하였고, 후에 신흥학교는 성산 소학교라고 불렸다. 그리고 1946년 9월 1일에 애양원교회 당회의 결의로 애양원에 성산중학교를 창설하고, 1946년 9월 8일에 성산중학교를 개교하였는데,[91] 당시 학생들을 가르치는 교사는 입소 이전 교사

---

89) 안용준 편, 『손양원목사 설교집』, 경천애인사, 1962, 1쪽. 그 이전에 목사로 표기된 것은 전도사를 의미함. 참고로 1946년에 해당하는 총회 32회 회의록과 당시 경남노회 자료가 보관이 되어 있지 않아 목사 안수 날짜에 대해서는 정확한 기록을 확보하기가 어려웠다.

90) 애양원 성산교회, 앞의 책, 25쪽. 참고로 『애양원 연보』 9쪽에서는 개교 연도를 1915년으로 기록하고 있다.

91) 위의 책, 25쪽.

경험을 가진 이들로 충원되었고, 그 수는 모두 10명이었다고 한다.[92]
성산중학교 졸업생 중 상급학교 진학이 가능했던 자들은 선교사들의
도움을 받아 순천매산고등학교, 한남대학교(대전대학)로 진학하거나
미국으로 유학을 떠나 목사, 신학교 교수, 의사 등 다양한 인재들이 배
출되었다[93]고 한다.

1956년 4월 12일에는 한센병환자를 위해 한성신학교를 설립하여 3년
제로 2회 졸업생까지 배출하고 1963년에 폐교했다.[94] 한성신학교는 손
양원 목사가 부임한 후 애양원교회, 소록도교회, 삼애교회, 애락교회
등 몇 개 교회의 당회원들이 한센인들 중에 신학교육을 시켜 그들로 한
센인 목회를 할 수 있도록 하기 위해 함께 의논하고 결의한 후 모금을
통해 세워졌으나 오래가지 못하고 폐교하게 된 것이다.[95] 한성신학교
는 1959년 3월 26일에 제 1회 졸업식을 거행했는데, 이때 졸업생 수는
23명이었다. 졸업생들은 1959년 4월 23일 각 지역 한센마을들로 파송을
받아 전도의 사명을 감당했다.[96] 그 후 한성신학교는 1963년 2월 1일
22명의 졸업생을 배출한 후 제2회를 끝으로 폐교했다. 하지만 한성신
학교를 졸업한 사람들이 각 지역 정착마을 교회의 직분자로 봉사하며
정착마을 교회의 부흥에 크게 기여할 수 있었기에 그 의의는 크다 할
수 있을 것이다.[97] 한성신학교가 폐교된 후 1971년에는 성산초등학교

---

92) 애양원 100주년 간행위원회, 앞의 책, 57-58쪽.

93) 애양원 성산교회, 앞의 책, 25쪽.

94) 위의 책, 26쪽. 참고로 『애양원 연보』 9쪽에서는 개교 연도가 1955년으로 기록하
고 있다.

95) 위의 책

96) 위의 책. 당시에 각 교회 파송된 사역자들을 보면 의성 경애원교회 김석규 전도
사, 경주 성락교회 정기석 전도사, 고창 성자원교회 송준열 전도사, 부산 성화원
교회 송철호 전도사 등이다.

97) 위의 책, 27쪽.

와 중학교 모두 폐교되었다. 이로써 성산초등학교는 1916년에 개교한 후 55년 만에 폐교되었고, 성산중학교는 1946년에 개교한 후 26년 만에 폐교된 것이다. 또한 애양원은 1976년에 도성마을이 형성되자 어린이 선교의 필요성을 느끼고, 1979년 8월 29일에 어린이 선교원을 개원하여 1987년 9회 졸업생을 끝으로 폐원하게 되었다.[98] 위에서 살펴본 바와 같이 애양원은 어린이들에서부터 장년에 이르기까지 그리고 일반 교육에서부터 신학 교육까지 다양한 영역에서 교육의 책임을 감당하였음을 알 수 있다.

IV. 애양원의 공동체형성(정착마을)과 요양소

애양원은 질병이 완전히 치료된 사람들을 위한 대책도 마련해 주었다. 비록 완치가 되었을지라도 일반인들의 편견으로 인해 함께 어울릴 수 없는 한센병의 특성을 고려해 그들의 공동체인 정착마을을 세워 자활할 수 있도록 했으며 또한 요양소라는 양로원을 만들어 돌본 것이다.

1. 애양원의 공동체 형성(정착마을)

환자들을 돌보며 치료하느라 고생하던 때에 병원과 환자 모두에게 매우 기쁜 희망의 소식이 전해졌다. 한센병 치료에 특효약인 디디에스(DDS)라는 신약이 보급된 것이다. 그 전에 사용하던 대풍자유는 투약 시 환자들이 겪은 고통에 비해 완치율이 낮은 편이었지만, 신약은 투약법도 비교적 간단하고 고통도 동반하지 않았다고 한다. 신약의 완치율이 높아지자 환자 수가 줄어들기 시작했다. 환자의 수가 줄어든 것은

---

98) 위의 책.

기뻐해야 할 일이지만 이로 인해 다른 한 가지의 문제가 대두되었다. 비록 수용자들이 완치를 받아 퇴소한다 하더라도 그들에게는 여전히 질병의 흔적들이 남아 있었고, 당시 한센병에 대한 사회적인 편견 때문에 그들의 생활공간에 대한 문제가 생긴 것이다.[99] 이에 보이열 원장은 그 문제를 해결하기 위한 정착촌 조성을 염두에 두고 있었다. 그런데 때마침 정부 역시 1959년 이후 '유병율조사'라는 이름으로 한센병 완치자를 가려내어 그들로 하여금 자활의 길을 가도록 유도한다는 방침을 세우고, 1961년에는 보건사회부와 나관리협회, 세계보건기구가 합동으로 전국 나요양소에 수용된 환자들을 대상으로 더 이상 치료가 필요치 않다고 생각되는 수용자들을 분리하기 시작했다. 애양원도 정부시책에 따라 정착민을 선발해야 했는데, 보이열 원장은 1962년에 애양원에 거주하는 수용자 1,149명 중에 540명을 정착지로 보내기로 결정하고, 먼저 1962년 7월 무렵에 여천지역에 '여천농원'이라는 이름을 정하여 100여 명을 이주시키고, 이어 현 여수공항 북쪽 공제산 인근 공제리(현, 여수공항 활주로에 포함 됨)에도 수십 명을 이주시켰다.

그리고 1962년 8월에는 남원 내척동 전라선 산성역 인근에 정착촌을 마련하여 131명을 이주시키기로 결정하고 그 일을 추진하려고 했는데, 지역 주민들이 적극적으로 반대하고 나섰기 때문에 그 과정은 쉽지 않았다. 당시 사태가 매우 심각하여 보이열 원장은 경찰의 허가를 받아 총기까지 휴대하고 다닐 정도였다고 한다.[100] 이런 어려운 과정을 거쳐 정착촌에는 블록과 함석을 사용하여 총 46채의 집이 건축되었다. 집집마다 두 가정씩 나누어 입주시키고, 그들의 자활을 위하여 정착촌 입주자 전체를 회원으로 하는 조합을 결성한 후, 그 기구에 정착촌 부지의

---

99) 애양원 100주년 간행위원회, 앞의 책, 110쪽.
100) 위의 책, 111-113쪽.

소유권을 양도하는 한편, 향후 조합원의 의사에 따라 분할 소유할 수 있도록 까지 배려했다. 이렇게 마련된 남원의 정착촌은 보이열 원장의 헌신적인 노력을 기리고 그 이름을 기념한다는 의미에서 정착촌 명칭을 보이열 원장의 이름 첫 자를 따서 '보성마을'이라 했다고 한다. [101]

또한 1965년 도성래 원장이 취임한 후 애양원은 남아 있던 수용자들도 모두 정착시키기로 결정하고 애양원 내의 부지를 따로 불하하여 정착촌을 조성하였는데, 현재 애양원 뒤편에 자리 잡은 '도성마을'이 그 시기에 만들어진 정착촌이다. 도성마을이라는 이름은 도성래 원장의 이름을 따서 지은 것이라고 한다. 도성마을은 1976년에 완공되었는데, 모두 205명에 이르는 완치 자가 그곳에 삶의 터전을 마련하게 되었다. 당시 도성래 원장은 도성마을 입주자들에게 각 가정마다 같은 면적의 토지를 쌀 한 가마 가격에 일괄적으로 불하해 주었고, 땅을 불하받은 도성마을 정착민들은 이후 이 땅에서 축산업과 농업 등을 경영하며 성공적으로 경제적 자립을 이룰 수 있었다. [102] 도성마을은 마을 조성과 함께 도성조합을 구성하여 사료와 비료 등 농축산 관련 물품을 공동으로 구매하거나 생산물을 공동으로 판매함으로써 자립의 기반을 더욱 확고히 했다. 그뿐만 아니라 조합과 함께 농원이라는 이름으로 도성마을 전체를 아우르는 조직을 만들어 마을공동체의 유지 발전에 필요한 행정적 업무를 처리하면서 정착민들은 비교적 빠르게 생활의 안정을 찾아갈 수 있었다고 한다. [103]

---

101) 위의 책, 114쪽.
102) 위의 책, 116-117쪽.
103) 위의 책, 117쪽.

2. 여수 애양 평안 요양소

애양원은 또 양로원을 설립하여 한센병이 완치된 어르신들이 편안한 마음으로 남은 생을 준비하며 살도록 하기 위해 요양소를 운영하고 있다. 1986년에 750평의 여수 애양 평안요양소의 첫 신축을 시작으로, 2008년과 2009년에 구조변경을 하여,[104] 2019년 12월 현재는 33명의 어르신들이 따뜻한 사랑을 받으며 보살핌을 받고 있다.

V. 맺음말

이상에서 필자는 애양원이 시작된 배경과 애양원의 설립, 그리고 여수로의 이전과 이전 후에 전개된 다양한 사역들에 대해서 살펴보았다. 한마디로 애양원은 미남장로회 선교사들의 사랑과 헌신의 정신에 따라 가장 낮은 자들의 벗이 되어 주었고 그들에게 희망과 새로운 삶의 길을 열어 준 따뜻하고 포근한 사랑의 공동체였다고 말할 수 있을 것이다. 애양원이 실천한 일들은 다 새로운 길이었고 모범이 되는 길이었다. 이 세상의 가치기준으로는 상상하기 힘든 일들을 찾아 행한 특별한 삶의 과정이었다. 이런 일들이 가능했던 것은 바로 예수 그리스도에 대한 믿음의 힘 때문이다. 예수 그리스도의 정신으로 무장한 선교사들이 예수 그리스도의 가르침을 그대로 실천하기 위해 자신들을 희생하면서 다른 사람들에게 희망과 함께 새로운 삶을 선물한 것이다. 오늘날처럼 개인주의가 팽배한 이때에 애양원이 주는 울림은 병들어가는 세상을 건강한 곳으로 만들어갈 수 있는 소중한 길잡이라고 생각된다. 애양원의 이 큰 일이 포사이드라고 하는 의사요 선교사인 헌신적인 한 사람으로부

---

104) 애양원, 『애양원 연보』, 10-11쪽.

터 시작이 되었던 것처럼 건강한 생각을 가진 소수가 큰 세상을 바꿀 수 있는 힘이 있다는 것을 다시 한 번 생각하게 한다. 향후 애양원에 대한 더욱 폭넓은 연구가 진행되어 애양원이 지닌 귀한 실천들이 더 많이 밝혀지고 이를 계기로 현대인의 삶의 결단에 크게 영향을 미쳤으면 하는 기대를 가져본다.

〈참고문헌〉

Mrs. C. C. Owen. *"The Leper and the Good Samartian."* The Missionary, August, 1999.

Graham Ella. *letter "Dearest Alice."* May 20, 1909.

Willam McCleary Junkin. *letter "My precious Mother."* Jan 4, 1902.

「癩病院의好績」, 『동아일보』 1924.5.25(3).

『동아일보』 1928.5.23(3).

김윤수, 『장천교회 110년사』, 전주: 신아출판사, 2017.

메리 스튜어트 윌슨 메이슨, 『베스와 맨튼』, 사회복지법인 여수애양원 편, 북인.

박용규, 『제주 기독교회사』, 생명의말씀사, 2008.

송상훈 역, 『사랑을 심는 사람들』, 보이스사, 2000.

안기창, 『미국남장로교 선교 100년사』, 도서출판 진흥, 2010.

안용준 편, 『손양원목사 설교집』, 경천애인사, 1962.

애너벨 메이저 니스벳, 한인수 역, 『호남 선교 초기 역사』, 경건, 1998.

애양원 100년사 간행위원회, 『구름기둥, 불기둥』, 북인, 2009.

애양원 성산교회, 『애양원교회 100년』(교회 자체 편집물).

애양원, 『애양원 연보』, 2017.

애양원, 『협력하여 선을 이루다』(출판사 미기록).

양국주, 『살아 있는 성자 포사이드』, 서빙더피플, 2018.

오병학, 『손양원』, 규장문화사, 1992.

이만열, 『한국 기독교 수용사 연구』, 두레시대, 1998.

이만열, 『한국기독교의료사』, 아카넷, 2003.

이재근 등, 『순천시 기독교 역사 박물관』, 순천시 기독교역사박물관, 2018.

임희국·이치만·최상도, 『손양원의 옥중서신』, (주)제일프린테크, 2016.

장봉학, 『한국선교의 개척자들』, 육일문화사, 2011.

조지 톰슨 브라운, 천사무엘·김균태·오승재 역, 『한국 선교 이야기』, 동연, 2010.

차종순 역, 『한국 개신교 초기의 선교와 교회 성장』, 목양사, 1985.
차종순, 『애양원과 손양원 목사』, 삼화문화사, 2005.

The publication committee for Aeyng-won's 100-year history. *Pillar of Cloud, Pillar of Fire*. seoul: bookin, 2009.
The Archives for Korea Church history study, *Personal Reports of the Southern Missionaries in Korea*. 1집, vol. 9.
The Archives for Korea Church history study, *Personal Reports of the Southern Missionaries in Korea*. 1집, vol. 10.

박태영, 「미국 남장로교 선교사 윌슨의 한센병 환자 수용소 운영에 관한 연구」, 한국교회역사복원연구회, 『한국교회역사복원 논총』 1, 대한기독교서회, 2019.
이광일, 「산돌 손양원 목사의 생애와 사상에 관한 연구」, 트리니티 신학대학원 박사학위논문, 1995.
이덕주, 「일제 강점기 순천 선교부와 지역사회」, 『기독교 선교와 한국사회』, 선인, 2019.
이홍술, 「순교자 손양원 목사의 윤리사상에 대한 연구」, 장로회신학대학교 대학원 석사학위논문, 1993.

순천결핵병원[*]

송현강

I. 머리말

지난 1892년 7명의 선교사를 보내 한국 선교를 시작한 미국남장로
교는 그 후 해마다 1~2명씩의 선교 인력을 증파하여 안정적인 선교 기
반을 확보하고자 했다. 그런데 1894년부터 1899년까지를 예로 들면,
해당 기간에 추가로 파송된 9명 가운데 3명의 의료선교사가 포함되어
있었다. 즉 1894년의 드루(Alessandro Darmer Drew, 유대모)를 시작으
로 1897년의 잉골드(Martha Barbara Ingold, 최부인)와 1899년의 오웬
(Clement Carrington Owen, 오기원)이 그들이다. 이 세 사람은 선발 선
교사들에 의해 조성이 시작된 군산과 전주 그리고 목포스테이션에 각
각 배치되어 해당 지역의 의료 사역을 담당하였다. 그러니까 남장로교
선교본부는 처음부터 복음전도와 아울러 의료선교를 염두에 두고 한국

---

[*] 순천대 인문학술원에서 발간하는 학술지 『인문학술』 5(2020.11)에 실린 「순천결핵
병원」을 수정·보완한 글이다.

선교를 추진하였던 것이다.[1]

그 결과 한말·일제강점기 남장로교의 선교 구역이었던 전라도 일대에는 군산예수병원(1896)을 시작으로 전주예수병원(1898), 목포프렌치병원(1899), 광주기독병원(1905), 순천알렉산더병원(1913) 등이 남장로교한국선교부에 의해 잇달아 설립·운영되었다. 그리고 이 5개의 병원들은 의료 선교의 차원을 넘어서서 지역 근대화는 물론 지역민들의 보건 의료 상황 개선과 증진에 큰 기여를 했다는 평가를 받고 있다. 남장로교 선교본부는 해방 이전까지 위의 5개 병원에 모두 49명(의사 30명, 간호사 19명)의 서양인 의료 인력을 파견하여 의료 선교 활동을 벌여 나갔다. 1931년의 경우 이들 병원의 총 진료 수는 47,483회, 수술환자 수는 2,072명에 달한다.[2]

해방 이후에도 남장로교의 의료 선교는 광주기독병원과 전주예수병원 등 두 곳을 중심으로 계속 유지되었다. 의료 서비스의 보편적인 확대와 의료기관의 전문화·대형화라고 하는 시대의 요청에 나름 부응한 것이다. 그런데 일제강점기 알렉산더병원이 있었던 순천에서는 1960년 무렵부터 새로운 형태의 보건의료기관이 생겨나 운영되기 시작했다. 바로 순천결핵병원이었다. 남장로교 선교사 로이스 린턴(Lois Elizabeth Flowers Linton)에 의해 주도된 이 병원은, 일관된 결핵치료프로그램을 구사하여 순천 지역사회의 절박한 요구에 적극적으로 부응했다는 평가를 받고 있다. 하지만 순천결핵병원이 소규모의 의료시설이었던 관계로 여느 다른 대형병원들에 비해 인지도도 낮고 그에 대한 학문적 관심

---

1) 송현강, 「미국 남장로교의 전북지역 의료선교(1896-1940」, 『한국기독교와 역사』 제35호, 한국기독교역사연구소, 2011, 47-48쪽.

2) Minutes of Annual Meeting of the Southern Presbyterian Mission(이하 MSPM), 1931.

도 적었다고 볼 수 있다.[3]

본 글은 남장로교가 한국에서 수행했던 의료 선교 가운데 그동안 연구의 사각지대에 놓여 있었던 소규모 보건의료기관의 존재와 역할을 부각시켜 보고자 한다. 먼저 이 지역 의료선교 또는 결핵퇴치사업의 기원을 이루는 광주기독병원과 순천알렉더병원의 역사를 일별한 후 이어서 순천결핵병원의 난치병 결핵환자 구호사업의 전개 과정을 시간 순으로 조명해 볼 것이다. 이 작업을 통해 남장로교 의료 선교 사역에 대한 이해의 지평이 조금 더 확장되고 그것이 대중에 널리 알려졌으면 좋겠다.

II. 광주기독병원과 순천알렉산더병원

1. 광주기독병원

광주기독병원을 설립한 남장로교 의료선교사 조셉 윈 놀런(Joseph Wynne Nolan, 노라노)은 1880년 1월 20일 미국 켄터키주 할런카운티의 크리치(Creech)에서 태어나, 1904년 7월 켄터키주 루이빌의 센트럴 대학 의학과(Medical Department of Central University)를 졸업했다. 그 대학은 남장로교가 운영하던 고등교육기관 가운데 하나였다. 원래 놀런은 감리교인이었지만 한국선교사 파송을 전후하여 루이빌제일장로교회에 출석하기 시작했다. 그 교회는 이후 놀런의 한국 신교 활동을 지원하였다. 그가 의대를 졸업한 것이 7월 1일이었는데, 10여 일 후인 7월 12일 선교사 임명을 받은 것으로 보아 재학 시절부터 의료선교의 꿈을

---

3) 관련 연구로는, 김형균, 「순천지역 의료선교에 대한 연구−선교사 인애자의 결핵사업을 중심으로」, 장로회신학대학교 신학대학원 석사학위 논문, 2010이 유일하다.

갖고 있었던 것으로 보인다. 놀런은 1904년 8월 15일 'Empress of Ja-pan'호를 타고 샌프란시스코를 떠나 9월 20일 경 서울에 도착했다. 이때 놀런과 동행한 이들은 의사였던 대니얼(Thomas Henry Daniel, 단의사)과 포사이드(William Hamilton Forsythe, 포의사)였다. 그들은 남장로교 선교본부가 큰 맘 먹고 파견한 한국 의료선교 제2진으로 내한 이후 놀런은 목포, 대니얼은 군산, 포사이드는 전주에 각각 배치되었다.[4]

1898년 유진 벨(Eugene Bell, 배유지)에 의해 시작된 목포스테이션은 그 후 오웬과 프레스턴(John Fairman Preston, 변요한)이 가세하여 전남 선교의 교두보 역할을 하고 있었다. 원래 오웬은 의료선교사의 직분이었지만 1901년 봄 유진 벨의 아내 샬럿(Charlotte Ingram Wither-spoon)의 사망을 계기로 복음선교사로 전직(轉職)하였기 때문에 목포에는 의사 1명이 필요한 상황이었다. 바로 그 자리에 놀런이 배치되었던 것이다. 놀런은 목포 선교 구내 오웬의 집에 여장을 푼 후 바로 그 다음 날부터 한국어 공부에 몰두하였다. 유진 벨 등 나머지 세 명의 선교사는 대부분의 시간을 전남 일대 마을들을 순회하며 전도하는 일에 보내고 있었으므로 놀런 조차도 그들을 자주 만날 수 없었다. 그들이 집에 돌아오는 날이면 온통 즐거운 축제의 시간이 되었다고 한다. 놀런은 한국말을 배우는 한편 1905년 초 부터는 틈이 나는 대로 그들의 순회 전도에 동행하여 한 번은 오웬과 전남 북부 지역을, 다른 한 번은 프레스턴과 함께 남부 지역을 돌아보았다.[5]

그런데 의료선교사가 왔다는 소문이 나면서 이미 1904년 12월부터 환자들이 몰려오기 시작했다. 당초에 놀런은 도착 후 3개월 간 한국말 공부에 전념하기로 하였지만 불가피하게 오전에는 언어를 습득하고 오

---

4) MSPM, 1904.

5) Reports to the Fourteenth Annual Meeting the Southern Presbyterian Mission in Korea(이하 RSPM), 1905, 86-87쪽.

후에는 진료를 하는 것으로 방침을 바꾸었다. 그래서 그 때부터 이듬해 6월까지 약 7개월 동안 모두 1,685명의 환자를 진료하고, 160여 차례 왕진을 하게 되었다. 또 전신마취 수술 7건과 국소마취 수술 22건을 병행했다. 놀런은 빈약한 의료 환경 속에서 이루어낸 이러한 놀라운 결과에 만족하며 스스로를 대견해 했다.[6]

　이어서 1905년 9월 서울에서 열린 제14차 남장로교 선교부 연례회의에 참석한 그는 자전거를 타고 동해안을 가로 질러 원산을 방문했다. 아마 1898년부터 남감리교 원산스테이션에서 운영하고 있던 '구세병원'의 상황을 견학하기 위해 갔던 것으로 추측된다. 다시 목포로 돌아온 그는 곧 광주 병원 개설 준비에 착수하였다. 이미 선교부는 전남 내륙 진출을 위해 광주스테이션 조성을 결정한 후 1904년 12월 유진 벨과 오웬을 이주시켰고, 이어서 다시 놀런으로 하여금 광주 선교 구내에 병원 설립을 주문하였던 것이다. 놀런은 1905년 11월 8일 광주로 가서 11월 20일 양림동 스테이션 구내에 '광주제중원'을 열고 진료를 시작하였다. 그 날이 바로 지금의 광주기독병원 개원일이다. 그 날 그가 진료한 환자는 모두 9명이었다. 그 후 6개월 동안 놀런이 본 환자는 모두 2,416명이었고, 26건의 대수술과 수많은 국소마취수술 그리고 176차례의 왕진(일본인 가정 26회 포함)이 있었다. 놀런은 전도지 여백에 환자들의 대기 순서 번호를 기입하여 나누어 주는 방법을 통해 기독교에 대한 그들의 관심을 촉발시켰다. 또 그는 틈이 나면 광주의 시장에 나가 전도하고, 사람들을 모아 위생 교육을 시키는 한편 병원의 조수들에게 매일 의학이론과 임상교육을 병행하였다.[7]

　'광주제중원'의 문을 연 놀런이 불과 1년 여 만인 1906년 12월 10일

---

6) RSPM, 1905, 87-88쪽.

7) RSPM, 1906, 38-40쪽.

왜 돌연 사의를 표명했는지 그 이유는 분명하지 않다. 그는 이듬해인 1907년 4월 1일 광주를 떠나 미국인이 경영하고 있던 평북 운산광산의 의사(Doctor at American Mines)로 자리를 옮겼다. (그의 공식적인 선교사직 사임은 1907년 10월 12일에 이루어졌다.) 그리고 다시 1911년 경 그 자리를 감리교 의료선교사였던 윌리엄 스크랜턴(William B. Scranton, 시란돈)에게 내주고, 황해도의 수안광산으로 옮겨 역시 의사로 근무하다가 1915년 미국으로 돌아간 듯하다.[8)]

1907년 놀런이 사임하면서 광주기독병원의 진료 활동은 일시 중단되었지만 같은 해 로버트 윌슨(Robert Manton Wilson, 우일선)이 부임하면서 재개되었다. 1910년의 실적을 보면 9,900명을 진료했고, 수술은 175건이었다. 또 1911년에는 환자가 1만 명을 넘어섰고, 수술은 109건이었다. 일손이 부족하자 의사였던 오웬 부인이 윌슨을 보조하면서 간호사 역할도 했다. 그리고 전도를 담당하는 2명의 직원이 있어서 환자들을 대상으로 기독교를 전했다. 1912년 한국인 직원은 모두 7명 (의료수련생 4명, 간호사 2명, 요리사 1명)이었는데, 이들은 모두 교인들로, 처방전 뒷면에는 교리를 인쇄하여 전도지로 활용하기도 했다.[9)]

환자가 늘면서 공간이 부족하게 되자 1909년부터 신축에 착수하여 1912년 1월에 50병상의 3층 건물이 완공되었다. 이 병원은 그래함 부부가 자신의 딸을 기리기 위해 기부한 돈으로 지어져 선교사들은 '그래함병원'(Graham Hospital)이라고 불렀으나 광주 사람들에게는 '광주제중원'으로 알려졌다. 그리고 같은 해에 광주나병원이 별도로 건축되었다. 그리고 1912년에는 간호사 쉐핑(Elizabeth Johanna Shepping, 서서

---

8) Biographical Information, *Annual Reports of Presbyterian Church U. S. in Korea Missionary* 1-1(한국교회사문헌연구원, 1993).

9) 한규무, 「미국 남장로교 한국선교부의 전남지역 의료선교(1898-1940)」, 『남도문화연구』 제20집, 순천대학교 지리산문화연구원, 2011, 458쪽.

평)이 부임하여 활력을 불어넣었다. 윌슨은 나환자를 위한 의료선교도 병행했기 때문에, 많은 진료와 수술을 감당해야만 했다.[10]

광주기독병원에는 1923년 치과의사 레비(James Kellum Levie, 여계남)가 부임하여 한국인 환자는 물론 선교사와 가족들에게도 큰 도움이 되었다. 당시만 해도 치과치료는 서울에서만 받을 수 있었기 때문이다. 한편 윌슨이 여수애양원 사역을 위해 1925년 이임하면서 광주기독병원은 오랫동안 침체 상태에 빠졌으나, 1930년 브랜드가 부임하면서 다시 활기를 띠게 되었다. 1932년에는 프리차드(Margaret Frances Pritchard, 변마지) 간호사가 한국인 간호인력 양성을 위해 부설 간호부양성소를 설립했는데, 1940년 병원이 폐쇄될 때까지 11명의 졸업생을 배출했다.[11]

그런데 1933년 광주기독병원은 큰 시련을 맞게 되었다. 10월에 제약실에서 원인불명의 화재가 발생하여 본관이 전소된 것이다. 브랜드와 레비, 프리차드 등은 직원들과 함께 환자들을 대피시키고 한 개의 장비라도 대피시키기 위해 노력했지만 대부분의 약품과 의료기구가 소실되었다. 환자들은 인근 오웬기념각에 임시로 수용되었다. 본관이 전소되는 엄청난 피해를 입었지만 그 다음날에도 진료는 중단되지 않았다. 직원들은 진료를 계속한다는 안내문을 거리에 붙였고, 브랜드는 잿더미에서 건져낸 장비와 집에서 만든 램프를 켜고 응급수술을 진행했다. 이 같은 모습에 감동을 받은 환자와 주민들도 직원들과 함께 재건을 위한 모금에 동참했고, 보험금 및 미국에서 보내온 2,000불 등으로 바로 건물 신축에 착수할 수 있었다. 이처럼 광주기독병원의 화재는 오히려 의료선교사와 한국인 직원들이 심기일전하는 계기가 되었다. 그리하여

---

10) MSP, 1912.

11) 한규무, 앞의 글, 459-460쪽.

마침내 1934년 12월 광주기독병원의 새 건물이 완공되었다.[12]

이후 광주기독병원은 발전을 거듭하여 1936년에는 입원환자 1,254명과 외래환자 12,169명을 진료했다. 그리고 같은 해 의사 1명이 새로 부임했으며, 의사 사택과 무료병동도 완공되었다. 특히 같은 해 선교사 탈메이지(John Van Neste Talmage, 타마자)의 기부금으로 5개의 병실을 갖춘 결핵병동(Talmage Tuberculosis Unit)을 신축했다. 브랜드는 광주기독병원을 "결핵환자의 요양소"로 만들겠다는 포부를 갖고 있었다. 결핵이야말로 당시 한국인들의 건강을 위협하는 가장 위험한 질병으로 인식되었기 때문이다. 결핵사업 외에 유아진료사업도 시작되어, 1936년 애비슨 부인과 커밍 부인이 주관하는 유아진료소가 매주 금요일 오후에 운영되었다. 간호부양성소에서는 1937년 4명의 졸업생을 배출하고 7명의 신입생을 충원하였다. 같은 해에는 식당·주방·욕실 등을 갖춘 간호부기숙사를 건축하여 병원은 더욱 면모를 갖추게 되었다.[13]

이같이 발전을 거듭하던 광주기독병원은 1938년 브랜드가 사망하는 시련을 겪기도 했지만, 1940년 의료선교사 프레스턴 2세(John Fairman Preston, Jr.)가 부임하면서 다시 안정을 되찾았다. 하지만 태평양전쟁을 앞두고 선교부가 철수를 결정하면서 병원 역시 1940년 폐쇄되었다.[14]

2. 순천알렉산더병원

순천스테이션의 의료선교는 1913년 의료선교사 티몬스(Henty Loyola Timmons, 김로라)와 간호선교사 그리어(Anna Laura Greer, 기안나)가 선교 구내에 진료소를 개설하면서 시작되었다. 처음 6개월은 작은 초

---

12) 한규무, 앞의 글, 460-461쪽.

13) 한규무, 앞의 글, 461-462쪽.

14) MSPM, 1940.

가집에서 진료하다가 이후 기와집으로 이전했는데, 그 동안 3,814명의 환자를 진료하고 68명을 수술했다. 1916년 3월에는 30개 병상을 갖춘 3층 건물이 알렉산더병원(Alexander Hospital, 안력산병원)의 이름으로 완공되었다. 이 병원은 1903년 군산에 왔던 알렉산더 선교사의 기부금으로 건립되고 조지 와츠(George Watts)의 보조금으로 운영되었다. 환자들은 순천·광양·여수·구례·고흥·보성·장흥은 물론 경남 하동과 남해에서도 몰려 왔다.[15]

1916년의 알렉산더병원 상황을 살펴보면 원장은 티몬스, 간호사는 그리어였고, 티몬스 부인은 마취를 보조하며 남편과 함께 수련생들을 훈련시켰다. 그 외에 6명의 한국인 조수와 세브란스의전 학생인 박승봉이 업무를 보조하였다. 티몬스가 과로로 귀국하자 윌슨이 광주와 순천을 오가며 진료하였다. 당시 순천읍내에는 도립병원도 있었으나 알렉산더병원으로 사람들이 몰렸다고 한다. 특히 1917년 10월 티몬스 후임으로 로저스(James McLean Rogers, 노제세)가 부임하면서 병원의 명성은 더욱 높아졌다.[16]

1930년대 들어 알렉산더병원은 서울의 세브란스에 이어 두 번째로 큰 기독교계 병원으로 성장했는데, 이 같은 발전은 원장 로저스의 노력과 능력에 힘입은 바 컸다. 1940년 알렉산더병원을 방문한 프라이스(William Price)는 로저스를 '위대한 외과의사'라 칭찬하며 그가 한국에서 "썩고 있는" 것을 안타까워했을 정도였다. 그는 인품도 뛰어나 '작은 예수'라 불렸다고 한다. 총독부에서도 그의 공로를 인정하여 1935년 '施政25周年'을 맞아 표창하기도 했다. 로저스는 헤아리기 어려울 정도로 많은 환자를 진료·수술했다.[17]

---

15) MSPM, 1913.
16) MSPM, 1918.
17) 한규무, 앞의 글, 468-469쪽.

알렉산더병원은 "빈궁병자들이 병원으로 찾아만 오면 치료비의 유무를 불문하고 입원치료하야" 매년 5만여 명의 환자 중 60% 이상이 무료환자였고, 그 결과 매년 2천여 원의 결손을 보는 "희생적 병원"으로 알려졌다. 예컨대 1932년에는 유료 환자 6,030명에 무료환자 8,820명, 1932년에는 유료 7,820명에 무료 9,041명, 1934년 유료 9,021명에 무료 11,103명을 기록하는 등 무료환자가 유료환자보다 더 많았고 그수도 매년 늘어났다. 그 결과 알렉산더병원은 "공적 위대한 의료기관", "무산자의 의료기관"으로, 로저스와 한국인 의사 정민기·윤병서 등은 "무산인민의 은인"으로 칭송을 받았다.[18]

환자가 격증하자 1932년에는 3만여 원을 들여 병원을 증축했다. 아동들의 건강에도 관심을 갖고 1933년에는 순천의 유치원아들을 위해 무료검진을 실시했으며, 1935년에는 소아과를 설치했다. 1936년에는 서양인 간호사 1명과 한국인 간호사 22명이 근무했는데, 로저스는 한국인 조력자들의 능력을 높이 평가했다. 1930년대에 들어 남장로교 소속의 병원들이 1910년대 초보다 의료사업이 축소된 것과는 대조적으로 알렉산더병원의 1936~1937년 진료인원은 1913~1914년의 5.7배, 입원환자는 1915~1916년의 7.8배로 증가했다. 이처럼 알렉산더병원은 지역 의료기관으로서 순천 및 인근 주민들로부터 신망을 얻고 있었으며, 무료진료로 명성이 높았다.[19]

---

18) 한규무, 앞의 글, 469쪽.
19) 한규무, 앞의 글, 469-470쪽.

III. 순천결핵병원

1. 순천스테이션과 로이스 린턴

순천스테이션은 전주–군산–목포–광주에 이어 남장로교가 세운 다섯 번째 선교기지로, 1910년의 부지(43,800평) 매입과 1912년의 건물 신축 공사를 거쳐 1913년 4월 선교사들의 입주가 이루어졌다. 그 선교 구내에는 4채의 선교사 사택과 병원·약국 건물 1동, 남학교와 여학교 그리고 사경회를 위한 작은 기숙사와 순천읍교회 예배당이 나란히 배치되었다. 순천스테이션 건설의 공로자는 코잇(Robert Thornwell Coit, 고라복)과 프레스턴이었다.[20]

1956년 순천스테이션의 선교 인력 배치 상황을 보면, 로이스 린턴은 한국어 공부 및 시내전도, 남편인 휴 린턴(Hugh MacIntyre Linton, 인휴)은 순천 지역 전도사역, 보이어(Elmer Timothy Boyer, 보이열)–전도사역 및 애양원 관리, 보이어 부인(Sarah Gladys Perkins Boyer)–매산여고 교사, 크레인(John Curtis Crane, 구례인)–장로회신학교 교수, 몰레스(Claribel Marie Moles, 모은수)–한국어 공부 및 전도사역, 스캇(Jack Brown Scott, 서고덕)–전도사역 등이었다.[21] 또 1957년도 순천스테이션의 예산 편성 사항을 보면, 전도비 4,500불, 한국인 목사 사례비 1,400불, 선교사 순회비 1,000불, 교회와 목사관 기금 140불, 매산학교 960불, 순천고등성경학교 2,000불, 수선 3,700불, 도로와 담장 100불, 경비원 240불, 운전기사 450불, 선교사 한국어 공부 540불, 예비비 200불 등 총 15,330불(약 70억원)이었다. 당시 전주스테이션

---

20) Rev. Donald W. Richardson, D. D., "In Memorium Robert Thornwell Coit, D. D.," 1932, 757쪽.

21) MSPM, 1956.

의 1957년 총예산은 45,336불, 광주 29,195불, 목포 20,450불, 대전 16,840불이었다.[22]

순천결핵병원의 운영자 로이스 린턴은 1927년 1월 7일 미국 플로리다주 마이애미에서 태어나, 샌타로자대학(Santa Rosa Jr. College, 1943~1944)과 나파대학(Napa Jr. College, 1944~1945)을 거쳐 얼스킨대학(Erskine College, 1946~1947)을 졸업(저널리즘/B.A.)하였다. 아마 이때 얼스킨 캠퍼스에서 휴 린턴을 만나 결혼(1947.5.31, 사우스캐롤라이나 앤터빌)한 것으로 보인다. 그는 군산과 전주 그리고 대전에서 활동했던 남장로교 선교사 윌리엄 린턴(William Alderman Linton, 인돈)의 3남으로 1926년 군산에서 태어나 성장기를 한국에서 보낸 후 얼스킨대학(1944~1947)과 얼스킨신학교(1947~1948)에서 공부하였다. 휴 린턴은 미해군으로 6.25전쟁에 참전한 바 있다.[23]

로이스 린턴 부부는 1952년 12월 2일 남장로교 선교본부로부터 한국선교사로 지명되었다. 그들의 한국 선교 결심은 아마 오래전부터 준비되었던 것으로 보인다. 일본을 거쳐 1954년 4월 1일 내한한 그 가족은 5월 6일 열린 선교부 연례회의에서 순천으로 임지가 결정되었다. 로이스와 순천의 길고 긴 인연의 시작이었다.[24]

1950년대 후반 로이스 린턴은 순천에서 한국어를 공부하며 남편을 도와 주로 시내전도를 맡았고, 휴 린턴은 스테이션 경내인 전남동부지역 일대를 순회하며 선교하였다. 1960년대에 들어서면서 휴는 순천지역의 전도사역에 더욱 박차를 가하는 한편 순천고등성경학교에서 학생들을 가르치기도 했고, 또 선교부 회장(1962년)으로도 수고했다.[25]

---

22) MSPM, 1956, 7쪽.

23) Biographical Information.

24) MSPM, 1954.

25) MSPM, 1960, 1961, 1962.

그 사이 광주기독병원은 코딩턴(Herbert Augustus Codington, 고허번)에 의해 일제강점기 브랜드 원장의 결핵사업이 재현되고 있었다. 코딩턴은 1920년 노스캐롤라이나주 윌밍턴(Wilmington) 출신으로, 데이비스대학(1937~1941)과 코넬의대(1941~1944), 미육군 군의관 복무(1945~1946), 버지니아 유니온신학교(1947~1948), 예일대 외국어교육원(1948~1949)을 거친 후 1949년 7월 내한하여 목포에서 사역을 시작했다.[26] 1951년 9월 광주에 온 그는 기독병원을 다시 열고 진료를 시작했다. 당시 한국인의 사망 원인 1위는 단연 결핵이었다. 1953년의 경우 남한 인구 19,979,069명 가운데 결핵으로 인한 사망자는 약 8만 명(전체 사망자 363,619명)에 달했다. 코딩턴은 1955년 미군과 운크라(UN Koea Relief Agency)의 지원을 받아 결핵환자를 위한 전문 병동을 건축하고, 본격적인 결핵퇴치사업을 펼쳤다. 75석이었던 병실의 침대 수가 약 200석으로 늘었을 뿐더러 더욱이 미국 남장로교 여전도회는 1957년 새로운 간호사들의 기숙사와 커다란 엑스레이 장비, 기본적인 의료기기들을 개선할 수 있는 막대한 액수의 후원금을 기부해 주었다.[27] 그리고 코딩턴의 결핵사업은 곧 순천의 로이스 린턴에게 영향을 미쳤다.

2. 순천결핵병원: 1960년대

1960년 광주기독병원은 순천의 결핵 환자들 중 일부가 추가 진료를 받으러 오지 않자 로이스 린턴 부부에게 가정 방문을 요청했다. 당시 로이스는 남편과 함께 지역을 순회 전도하고 있었다. 물어물어 찾아간

---

26) Biographical Information.

27) George T. Brown, Mission to Korea, Board of World Missions Presbyterian Church U.S, 1962, 216쪽.

산골 마을에서 만난 23살의 청년은 사경을 헤매고 있었다. 타를 타고 갈 돈이 없어서 광주에 있는 병원까지 갈 수가 없었던 것이다. 가족들도 이미 7명이나 결핵에 감염된 상태였다. 그리고 이런 일들은 로이스의 담당 전도 구역인 순천 일대에 널려 있었다. 불과 몇 년 전 로이스 자신의 아이들 셋도 결핵에 걸려 크게 고생한 경험이 있었다.

그래서 로이스는 먼저 광주기독병원과 순천지역의 결핵환자들을 연결해 주는 일을 하기 시작했다. 그리고 해가 바뀌어 1961년이 되면서부터는 스테이션 구내의 사택 방 1칸에서 환자들을 모아서 관리하기 시작했다. 즉 광주의 의사가 내려오는 날에 환자들을 모아 진료 받게 한 후 다시 집으로 돌려보내는 일이 정기적으로 계속되었던 것이다. 당시 광주의 기독병원은 국내의 어떤 다른 민간병원보다 더 많은 결핵환자들을 가정방문을 통해 치료하고 있었다.[28]

임인년 순천대홍수는 1962년 8월 27일 오후 5시경부터 내린 폭우로 시작되었다. 28일 새벽 1시쯤에는 195mm 강수량을 기록하였고, 그 여파로 순천 북방 6km 지점인 서면 산정저수지의 둑이 터져 순식간에 홍수는 시내 동의동 일대를 휩쓸고 시가지로 밀려들어 순천시내 70%가 물에 잠겼다. 그날 밤에만 30명의 익사자가 나왔고, 16,000명이 집을 잃었다. 어떤 가족은 9명 중 7명이, 또 어떤 집은 8명 중 7명이 목숨을 잃었다. 참으로 끔찍한 밤이었다. 1962년 순천대홍수의 최종 집계를 보면, 사망 224명, 가옥 유실 1,692개동, 수재민 13,964명으로, 그야말로 사상 최악의 아픔을 당한 것이다. 이재민들은 한동안 임시 막사에서 생활하다가 정부에서 지은 벽돌집으로 11월 초에 입주할 수 있었다. 그 사이 따뜻한 옷과 이불과 구호금이 답지했다. 기독교세계봉사회와 남장로교 선교본부는 순천 홍수를 기억하고 비상 구호 물품을 보내주

---

28) 김형균, 앞의 글, 31쪽.

었다.[29]

1962년의 순천대홍수는 로이스로 하여금 본격적인 결핵사업에 몰두하는 계기를 마련해 주었다. 수재로 인해 이재민이 생기고 다시 그 열악한 생활환경을 틈타 결핵이 창궐했기 때문이다. 1960년과 1961년 순천 사람들의 결핵 진료 필요성으로 인해 그 사안에 초보적으로 접근하고 있었던 로이스는, 1962년의 수재로 인해 이제 지역 사회의 절박한 요구에 적극적으로 부응하기 시작했다. 홍수 이후 결핵환자들이 더욱 많아지자 로이스는 우선 공간 확보에 나서 선교 구내의 29평 건물을 사용하기로 했다. 선교부 역시 1963년 6월의 연례회의에서 로이스에게 순천 외래환자진료소의 개설과 운영 책임을 맡겨 본격적인 지원을 공식화했다.[30] 그러니까 순천결핵병원은 1963년 공식적으로 출범했다고 보면 된다. 당시의 명칭은 순천 외래환자진료소였다.

1965년 안식년에서 돌아온 로이스는 그 사이 화재로 전소된 진료소 건물을 양철 슬레이트와 시멘트로 복구를 한 후 다시 결핵사업에 몰두하였다. 그 해 연례회의에서 선교부는 그에게 광주기독병원에서 수행하고 있는 '기독교세계봉사회 결핵퇴치사업'(Church World Service Tuberculosis Control work)에 순천에서의 결핵진료프로그램을 포함시켜 진행할 것을 주문하였다. 재정을 안정적으로 지원받을 기반이 마련된 것이다.[31]

순천결핵병원이 광주기독병원을 통해 기독교세계봉사회 결핵퇴치사업의 재정 지원을 받게 되자 선교부는 몇 가지 원칙을 정해 놓았다. 즉 "① 순천결핵병원은 광주기독병원과 그래함결핵센터의 의료 지휘 하에

---

29) 보이열(Elmer P. Boyer), 『한국 오지에 내 삶을 불태우며』, 개혁주의신행협회, 2004, 103쪽.
30) MSPM, 1963.
31) MSPM, 1965.

기능한다. ② 모든 치료는 의사의 처방에 의해 이루어진다. ③ 약품의 대부분은 기독교세계봉사회에서 제공한다. ④ 순천결핵병원에는 광주의 의사와 간호사들이 정기적으로 방문하게 될 것이다. ⑤ 로이스 린턴이 병원의 운영 책임을 맡는다. ⑥ 순천결핵병원은 기독교세계봉사회가 국내에서 벌이고 있는 결핵퇴치사업 가운데 가장 큰 클리닉 가운데 하나이다."가 그것이다. 아울러 선교부는 순천결핵병원의 결핵치료약 값으로 500불을 배정하였다.[32]

그 사이 병원은 같은 선교 구내의 사택 부근에서 현재의 매산여고 음악실 건물로 이전하였다. 그동안 병원이 선교사들의 개인 공간에 근접해 있어서 안전 문제가 뒤따랐기 때문이다. 그리고 1967년 병원은 고등성경학교가 사용하던 건물 즉 1928년에 지어진 조지와츠기념관으로 이전하였다. 또 엑스레이 촬영기도 들여 놓을 수 있었다. 그 후 이곳을 이용하는 환자의 수는 거의 1천명에 육박했다. 그들의 진료를 위해 광주기독병원은 매주 금요일마다 의료진을 순천에 파견하였다. 코딩턴과 디트릭(Donald Burton Dietrick, 이철원) 선교사 그리고 인턴과 레지던트 과정의 의사들도 있었다.[33]

1963년 진료소 형태로 개원된 순천결핵병원은 다시 1965년 순천시 조례동 131-3에 부설 결핵요양원을 세웠다. 중증 환자들에게는 투약뿐만이 아니라 입원 가료가 절대적으로 필요했기 때문이다. 그래서 땅을 사고 건물 7개동을 지어 전문적 설비를 들인 다음 그 시설들을 활용하여 실비와 함께 무상입원치료를 시작하였다. 미국 노스캐롤라이나주 샬럿의 브라운 부인(Mrs. Bass Brown)이 집 없는 결핵환자들을 위한 주거지 건설에 120불을 쾌척해 준 것도 이때의 일이었다.[34] 1965년부

---

32) MSPM, 1965.

33) 김형균, 앞의 글, 41쪽.

34) MSPM, 1966.

터 농촌선교에 더욱 전념하게 된 휴 린턴은 1966년 한국기독교세계봉사회의 자문위원으로 위촉되면서 결핵병원을 측면 지원할 수 있게 되었다.

남장로교선교부의 1967년 예산을 보면, 순천결핵병원은 결핵요양원 운영에 600불에 결핵약값 400불이었다. 또 그와 별도로 요양원 시설비 10,000불과 장기 환자 요양시설(Cottages for incurable TB patients) 3,000불 등도 포함되어 있었다. 이것으로 보아 아마 이때부터 요양원에서 결핵환자 재활훈련기관인 보양원을 분리하여 별도로 설립한다는 계획이 수립되어 있었던 것 같다.[35] 그리고 1969년에는 결핵약값 400불, 결핵요양원 400불이었다.

순천결핵병원은 1969년 요양원에서 다시 보양원을 분리하여 운영하기 시작했다. 순천시 해룡면 호두리 산42에 정식으로 문을 연 보양원은 결핵환자들의 장기적 자활생활의 처소로서 사회 복귀의 기회를 집중적으로 제공하는 것이 그 목적이었다. 치료 후 무의탁 환자들에게 재활의 시간을 부여하고자 했던 것이다. 그래서 보양원 사람들로 하여금 각각 개인적인 생활을 하게 하여, 사활의 힘을 기르게 하는 운영방식-양계·양돈·양구(養狗)·자수 등의 재활프로그램-을 채택하였다. 이곳에서 생산된 물품들은 판매를 통한 수익이 되어 환자들의 자립적 생활이 가능해졌다.[36]

3. 순천결핵병원: 1970년대

순천결핵병원은 1970년대에도 진료소·요양원·보양원 등 3대 기관을 중심으로 결핵퇴치사업을 지속적으로 전개해 나갔다. 1970년대 초 병

---

35) MSPM, 1967.
36) 김형균, 앞의 글, 50-51쪽.

원의 예산을 보면, 1970년에는 결핵약 2,500불, 결핵병원 1,000불이었고, 1971년과 1972년은 각각 결핵약 1,000불, 진료소 800불이었다. 1973년은 진료소 1,250불, 결핵약 1,500불로 전년대비 증가하였다.[37]

　　1971년 5월 연례회의에서 선교부는, 남장로교재단법인에서 순천결핵병원(순천기독결핵재활원)을 원칙적으로 분리하기로 결의하였다. 이어서 선교부는 협의회를 구성하여 분리 절차를 상의한 끝에 1972년 보고서를 완성하였다. 그 내용을 보면, "순천기독결핵재활원재단(Soonchun Tuberculosis REhabilitation Center Foundation)은 ① 순천시 매곡동 169번지에 사무실을 둔다. ② 재단은 재활원의 운영과 시설관리, 재산과 기금의 공급을 통해 결핵환자를 치료하고 돌보아 결국 그리스도의 복된 소식을 제공하는 것을 목적으로 한다. ③ 앞서의 목적은 순천기독진료소 및 요양원의 운영을 통해 달성한다. ④ 재단은 회장 1명, 이사 7명(회장과 원장 포함), 감사 2명으로 구성되며, 그 중 3명은 의사, 1명은 목사로 하되, 통합 측 장로교의 이사 2명은 순천노회가 지명한다. ⑤ 회장은 이사회에서 선출한다." 등으로 되어 있다. 그리고 선교부는 순천기독결핵재활원으로 조례동 부지 15-7의 500평, 131-1의 234평, 조례동 부지 15-7의 500평, 131-1의 234평, 131-2의 93평, 131-3의 93평, 131-6의 125평, 131-10의 153평, 131-11의 243평, 131-12의 503평, 131-13의 399평, 임야 산19-1의 4,980평, 산19-5의 450평을 양도하기로 결의하였다. 선교부는 순천결핵병원의 결핵퇴치 사업에 대한 신뢰가 이러한 조치의 기반이 되었음을 적시하는 한편, 1974년에는 진료소 1,800불, 결핵약 1,871불 등 총 3,617불을 지원하기로 하였다.[38]

---

37) MSPM, 1970, 1971, 1972.

38) MSPM, 1972, 1973.

재단의 분리가 이루어진 후에도 광주기독병원의 순천결핵병원에 대한 의료 혜택과 원조는 계속되었다. 순천결핵병원은 매달 세 번씩 금요일마다 지역민들을 위해 종합클리닉을 열고 하루 평균 60명의 환자들을 보았다. 이때는 광주기독병원의 레지던트들이 수고해 주었다. 그리고 남은 하루의 금요일과 그 전날인 목요일에는 디트릭 선교사가 직접 결핵 환자들을 진료하였다. 당시 병원에 등록된 결핵환자는 1,009명에 달했다. 애양원 병원의 토플(Sthanley Craig Topple, 도성래) 선교사는 한 달에 두 번씩 수요일마다 정형외과를 열어 144명을 치료하였다. 또 로빈슨 의사(Dr. Lena Bell Robinson)는 383명에 달하는 순천의 뇌전증(간질) 환자들을 위해 자신의 '로즈클럽'(Rose Club)팀과 함께 진료소에 와서 그 상태를 살피고 적절한 처지를 아끼지 않았다. 1974년 보양원에는 모두 35명이 거주하였다. 여성들은 자수를 통해 수입을 올리고 있었고, 남성들은 수공예 일감을 기다리는 중에 있었다. 또 80명 정원의 요양원에는 재정의 부족으로 인해 그 절반만 수용하였었으나, 대학생성경읽기선교회(UBF)에서 80명의 환자를 1년 동안 치료할 수 있는 헌금을 보내와 그 인원을 대폭 늘릴 수 있었다. 그리고 결핵환자 방문 프로그램을 통해 재가 환자들의 상태도 일일이 체크하며 그 가족들에게까지 선한 영향을 끼치게 되었다.[39]

1975년의 경우에는 보양원에 35명, 요양원에 70명을 수용하였고, 순천노회의 여러 교회들과 YMCA에서도 지원이 이어졌다. 순천결핵병원의 직원 수는 모두 17명에 달했다. 광주기독병원의 의사인 박주섭이 이철원 선교사를 대체하여 진료를 계속하였고, 애양원의 토플 역시 2주에 한번 씩 방문하여 정형외과 환자들을 돌보았고, 뇌전증 클리닉은 순천의 정신과 의사이자 기독교인인 정영한의 지원으로 지속되었다. 한

39) Betty Linton, "Soonchun Christian Clinic," Presbyterian Church U.S., Reports for Information Korea Mission, 1974.

해 동안 1,861명의 새로운 환자들이 등록했고, 그 중에 일부는 광주로 보내졌다. 그래서 결핵환자 1,029명, 뇌전증환자 383명, 육아상담(영양실조 아이들을 위한 우유 배급 포함) 68명이 순천결핵병원에서 치료받았다. [40]

1963년 출범 초부터 남장로교한국선교부와 깊은 관련을 맺으며 결핵퇴치사업을 벌여온 순천결핵병원은, 1974년부터 그 선교부와 공식적인 관계를 끊고 독립적인 기관으로 홀로서기를 시작했다. 운영자인 로이스 린턴 부부가 자신들의 소속 기관인 남장로교를 떠나 신생교단인 미국장로교(Presbyterian Church in America: PCA)로 이적했기 때문이다. 지난 1860년대 노예제도의 폐지 문제로 남북전쟁을 겪으면서 분열되었던 미국 북장로교와 남장로교는 1960년대부터 통합협상을 벌여 1970년대에는 그 분위기가 무르익어 갔다. 하지만 남장로교 내부에는 보다 진보적인 북장로교와의 결합을 반대하는 흐름이 존재하고 있었다. 결국 그들은 1973년 북장로교와 합치려는 남장로교 교단에서 이탈하여 PCA를 조직했던 것이다. 그런데 로이스 린턴 부부는 바로 PCA의 보수적 이념에 동조하는 신학적 색채를 갖고 있었다. 휴 린턴은 선교사 자녀로 한국에서 태어나 외조부와 부친의 선교 이념을 원형 그대로 계승한 인물이었다. 복음전파와 사회개혁은 로이스 린턴 부부의 행위양식을 설명하는 두 가지 기제인데, 이것들은 모두 19세기 미국 기독교가 지향했던 근대복음주의에서 가져온 것이다. 로이스 린턴의 순천에서의 결핵병원 설립과 운영에는 사회개혁 즉 피선교지를 보다 나은 사회로 변화·발전시키고자 했던 19세기 선교사들의 염원이 개입되어 있다고 보면 된다. 변하여 가는 미국 사회·교회와 동떨어져 있던 피선교지의 상황에서 그것들은 훼손되지 않은 채 가급적 원래의 모습을 유지

---

40) Betty Linton, "Soonchun T.B. Rehabilitation Center," Presbyterian Church U.S., Reports for Information Korea Mission, 1975.

하면서 계승되었다. 로이스 린턴은 1975년 정든 순천스테이션 구내를 떠나 결핵요양원 사택으로 이주하였다. 남장로교 선교부는 로이스 린턴 부부의 이러한 입장과 상황 전개를 인정하고, 이명에 동의하는 한편 그 부부의 결핵병원 사역을 계속 지원하며 협력할 것을 약속하였다.[41]

IV. 맺음말

순천 선교병원의 전통은 1913년 의료선교사 티몬스에 의해 스테이션 구내에 설립되었던 알렉산더병원을 그 기원으로 한다. 특히 1930년대 들어 알렉산더병원은 서울의 세브란스에 이어 두 번째로 큰 기독교계 병원으로 성장했는데, 이 같은 발전은 원장 로저스의 노력과 능력에 힘입은 바 컸다. 1905년 놀런에 의해 시작된 광주기독병원은 1930년대 브랜드 원장 주도로 결핵사업을 전개하였다. 브랜드는 광주기독병원을 결핵환자의 요양소로 만들겠다는 포부를 갖고 있었다. 결핵이야말로 당시 한국인들의 건강을 위협하는 가장 위험한 질병으로 인식되었기 때문이다. 그리고 브랜드의 결핵 치료에 대한 집념은 1950년대 코딩턴에 의해 그대로 재현되었다. 그는 1955년 미군과 운크라의 지원을 받아 결핵환자를 위한 전문병동을 건축하고, 본격적인 결핵퇴치사업을 펼쳤다. 순천결핵병원은 바로 위의 두 병원 즉 순천알렉산더병원과 광주기독병원의 영향과 연장선 위에 서 있다.

순천결핵병원은 1963년 남장로교 선교사 보이스 린턴에 의해 시작되었다. 그는 1960년과 1961년 순천 사람들의 결핵 진료 필요성 때문에 일단 그 사안에 대해 초보적으로 접근한데 이어, 1962년 수재로 결핵환자들이 대량으로 발생하자 병원을 열어 본격적인 결핵퇴치사업에

---

41) "Report of the Special Hugh Linton Committee."

돌입하였다. 그 후 기독교세계봉사회의 지원을 받아 재정의 안정을 기하였고, 요양원과 보양원을 잇달아 세워 순천의 일관된 결핵치료프로그램을 완성하였다. 1975년의 경우 새로이 등록한 환자는 모두 1,861명에 달했고, 결핵환자 1,029명, 뇌전증환자 383명, 육아상담 68명이 진료를 받았다. 그리고 보양원 35명, 요양원에는 70명이 수용되어 있었다.

복음전파와 사회개혁은 로이스 린턴 부부의 행위양식을 설명하는 두 가지 기제인데, 이것들은 모두 19세기 미국 기독교가 지향했던 근대복음주의에서 가져온 것이다. 로이스 린턴의 순천에서의 결핵병원 설립과 운영에는 사회개혁 즉 피선교지를 보다 나은 사회로 변화·발전시키고자 했던 19세기 선교사들의 염원이 개입되어 있다고 보면 된다. 변하여 가는 미국 사회·교회와 동떨어져 있던 피선교지의 상황에서 그것들은 훼손되지 않은 채 가급적 원래의 모습을 유지하면서 계승되었다. 순천결핵병원은 그 좋은 사례가 된다.

〈참고문헌〉

Minutes of Annual Meeting of the Southern Presbyterian Mission.

Reports to the the Southern Presbyterian Mission in Korea.

Biographical Information, *Annual Reports of Presbyterian Church U. S. in Korea Missionary* 1-1(한국교회사문헌연구원, 1993).

Betty Linton, "Soonchun Christian Clinic," Presbyterian Church U.S., Reports for Information Korea Mission, 1974.

Betty Linton, "Soonchun T.B. Rehabilitation Center," Presbyterian Church U.S., Reports for Information Korea Mission, 1975.

George T. Brown, Mission to Korea, Board of World Missions Presbyterian Church U. S, 1962.

Rev. Donald W. Richardson, D. D., "In Memorium Robert Thornwell Coit, D. D.," 1932.

보이열(Elmer P. Boyer), 『한국 오지에 내 삶을 불태우며』, 개혁주의신행협회, 2004.

김형균, 「순천지역 의료선교에 대한 연구-선교사 인애자의 결핵사업을 중심으로」, 장로회신학대학교 신학대학원 석사학위 논문, 2010.

송현강, 「미국 남장로교의 전북지역 의료선교(1896-1940」, 『한국기독교와 역사』 제35호, 한국기독교역사연구소, 2011.

한규무, 「미국 남장로교 한국선교부의 전남지역 의료선교(1898-1940)」, 『남도문화연구』 제20집, 순천대학교 지리산문화연구원, 2011.

제2부
교육·청년운동 기관

박정환
순천지역 교육 선교의 요람, 매산학교

임송자
순천기독면려청년회 활동과 순천청년회

한규무
순천YMCA의 창립·재건과 발전

순천지역 교육 선교의 요람, 매산학교

박정환

I. 머리말

미션스쿨(mission school, 기독교계 학교) 매산학교는 순천지역 교육 선교의 모판과 같은 곳이다. 1910년 이후 매산학교는 순천지역의 기독 교적 교육과 기독교 복음 선교에 큰 역할을 감당해 왔다. 이 역할은 미국 남장로교 선교회와의 관련성 안에서 진행되었다. 매산학교는 1910년 미국 남장로교 한국선교회(한국선교본부)가 선교기지(mission station) 를 조성하면서 시작되었기 때문이다.

이 글은 1910년부터 1937년까지 매산학교의 역사적 의의를 교육 선 교 관점에서 정리하는 목적을 지닌다. 당시 순천지역의 기독교는 선교 사들에 의한 직접적 선교보다는 다른 곳에서 기독교 복음을 들었던 현 지인들의 전도를 통해 자생적으로 성장하기 시작하였다. 선교기지 (mission station) 설립이 결정되기 한 해 전인 1909년, 순천을 비롯한 전남 동부지역에 이미 20여 개의 많은 교회가 시작되고 있었다.[1]

---

1) 순천노회사사료편찬위원회, 『순천노회사』, 순천노회, 1992, 60쪽.

1910년 4월 순천읍교회(현 순천중앙교회)가 '사숙'[2] 형태로 학교를 시작하였다. 이 학교는 선교사 변요한(J. F. Preston)과 고라복(R. T. Coit)에 의해 주도되었으며 함께한 교사들은 순천읍교회 평신도 교인으로서 지역사회의 지도자에 속했다. 현재의 금곡동에서 시작된 사숙은 순천선교기지가 모습을 드러내면서 선교기지로 자리를 옮겨왔고, 초기 문법학교의 형태에서 차츰 교육과정이 구체화 되었다.

매산학교는 근대식 교육 도입과 확산에 큰 공헌을 하였으며, 지역사회 근대화의 창구 및 근대문화 조성의 역할을 감당해 왔다. 매산학교를 책임 맡아 이끌었던 선교사들의 교육관, 그리고 순천읍교회의 사숙에서 현재의 매산등(언덕) 선교기지로 옮겨와 그곳에서 시작된 은성학교의 인가 문제와 폐교, 또한 매산학교의 개교 및 폐교 등의 역사는 순천지역 교육 선교의 과정이라고 할 수 있다.

II. 미국 남장로교 선교회와 순천선교기지

미국 남장로교의 한국선교는 소속 7인의 선교사[3]가 1892년 10월 17일, 11월 3일 두 차례에 걸쳐 한국에 들어옴으로 시작되었다. 미국 남장로교의 한국선교회가 조직된 것은 7인 선교사들의 내한 직후인 1892년 11월이었다. 서울에서 한국어를 배우던 선교사들은 다음 해 1893년 2월 장로회미션공의회로부터 호남지방을 선교구역으로 할당받

---

2) 사숙은 초기 한국교회에서 신학문과 기독교 신앙을 가르치고 배우는 곳을 말한다. 당시 한국교회는 1교회 1학교의 비전을 가지고 있었다.

3) 이들을 흔히 '7인의 선발대'라고 부르는데, 루이스 테이트(Lewis B. Tate)와 매티 테이트(Miss Mattie Tate) 남매, 윌리엄 레이놀즈(William D. Reynolds), 윌리엄 전킨(William M. Junckin), 리니 데이비스(Miss Linnie Davis), 그리고 전킨의 부인 레이번(Mary Leyburn), 레이놀즈의 부인 볼링(Patsy Bolling) 등이었다.

고, 그해 9월 최의덕(Lewis Boyd Tate) 선교사와 전위렴(W. M. Junkin) 선교사를 전주에 파송하는 것을 시작으로 전주(1894), 군산(1896), 목포(1898), 광주(1904)에 선교기지를 세웠다.

1. 순천선교기지 개설 타진

1) 개신교 자생적 신앙공동체

1905년 이후 1910년까지 대한제국은 대단히 암울하고 절망적인 시기였다. 국운은 날이 갈수록 기울어져 갔고, 일본제국의 한반도 침략 야욕은 더욱 노골화되었다. 일제에 대한 치열한 항쟁도 전국적으로 확산 되었으나 대한제국은 식민통치의 늪으로 빠져들고 있었다. 당시 순천지역은 항일투쟁이 전국적으로 가장 치열했던 곳 가운데 한 곳으로 전쟁터를 방불케 했고 성벽마저 헐리는 가운데 주민들은 불안과 공포의 나날 속에 시달리고 있었다.[4]

반면에 이 시기는 기독교가 새로운 모습으로 다가오는 때이기도 했다. 개신교가 대중들에게 알려지기 시작했다. 꾸준히 성장하던 개신교는 오래전부터 조선에 전래된 천주교의 교세를 1907년을 정점으로 역전했다.[5] 개신교는 개화와 문명의 상징, 즉 근대화의 상징으로 대중들에게 다가서고 있었다. 개신교를 통해 기독교 복음을 듣고 예배하는 자생적 신앙공동체들이 생겨났다.[6] 1905년경 순천지역에도 개신교 자생적 신앙공동체가 성장하고 있었다. 전남동부 2시 6군의 모교회라고 할

---

4) 순천시사편찬위원회, 『순천시사: 정치사회편』, 순천시사편찬위원회, 1997, 563-564쪽.

5) 신광철, 『천주교와 개신교, 만남과 갈등의 역사』(한국기독교역사연구소, 1998), 46쪽.

6) 박정환, 「초기 제주도 개신교 형성사」, 『한국기독교와 역사』 39, 한국기독교역사연구소, 2013.7, 188쪽.

수 있는 율촌 장천교회[7]를 비롯하여 순천읍교회,[8] 벌교무만동교회,[9] 그리고 광양신황교회 등이었다.[10] 이 교회들은 선교사들에 의해 세워진 것이라기보다는 현지인들이 타지에서 전도를 받고 돌아와 스스로 시작되었던 신앙공동체이다.

또한 1904년 미국 남장로교 광주선교기지가 개설되면서, 순천지역 선교담당자 오기원(C. C. Owen) 선교사는 순천지방 선교를 위해 1905년에 지원근 조사를 파견한 적이 있었다. 그로 인해 1905년부터 전남동부지역에 교회가 하나둘 설립되기 시작했다. 이렇게 1909년까지 순천지방은 20개 처가 넘는 많은 교회가 있었고,[11] 이 교회들은 대부분 순천에서 남장로교 선교기지가 개설되기 전에 현지인들의 전도와 예배 모임으로 시작된 개신교 자생적 신앙공동체의 성격을 지니고 있었다.

2) 순천선교기지 개설 논의

그런데, 1909년 4월 3일 광주선교기지 소속 오기원 선교사가 급성폐렴으로 별세하였다. 그래서 목포선교기지에 있는 변요한(J. F. Preston) 선교사가 그 후임으로 결정되었고, 그는 순천지역을 순회 여행하는 중에 순천읍교회의 예배광경을 목격했다. 이때의 상황을 『한국선교이야기』는 다음과 같이 소개한다.

> 벨과 프레스톤은 순천 근교에 여섯 내지 일곱 그룹의 기독교인이

---

7) 순천노회사편찬위원회, 『순천노회사』, 순천노회사편찬위원회, 1992, 60쪽.

8) 박정환, 「순천지역 교육 선교와 매산학교」, 『南道文化硏究』 33, 순천대학교 남도문화연구소, 2017, 229-231쪽.

9) 순천노회사편찬위원회, 앞의 책, 61쪽.

10) 순천노회사편찬위원회, 앞의 책, 62쪽 참조; 이양재, 「순천지역 초기 선교역사 연구: 광양 신황리교회를 중심으로」, 호남신학대학교 석사학위논문, 2001.

11) 순천노회사편찬위원회, 앞의 책, 63쪽.

모임을 열고 있는 것을 발견했다. 그중에는 오십 명이 도시 안에 있는 큰 기와지붕의 공회당에서 모이는 그룹도 있었다. 이 조사 후에 두 사람은 순천에 선교기지를 세울 것을 선교회에 추천했다.[12]

그해 5월 변요한(J. F. Preston), 배유지(Eugene Bell) 선교사는 순천 방문에서 자생적으로 시작되어 예배와 기도 모임이 이루어지고 있는 현장을 살펴보고 확인한 것이다. 이 방문과 만남이 매산등(언덕) 순천 선교기지 개설로 이어졌는데,[13] 자생적 신앙공동체의 성장을 목격한 배유지와 변요한이 1909년 7월 군산에서 개최된 제18차 연례회의에서 순천선교기지 개설을 제안하였다.

순천에 선교기지를 시급하게 개설해야 할 필요성은 아무리 강조 해도 지나침이 없습니다. 순천 사역은 전망이 밝아 그곳에 파견될 새로운 사역자들은 풍성한 결실을 거두는 행복을 느끼게 될 것입니 다. 왜냐면 순천 인근의 모든 곳에 마음과 힘을 다하여 사역에 동참 하려는 토착 교인들이 널려있기 때문입니다.[14]

순천선교기지 설립을 제안한 이유는 순천에 새 신자들이 많지만, 광 주로부터 거리가 멀고, 그 사이에는 산악지대가 있어 단순 접근이 불가 능한 곳이며, 순천은 교통의 중심지로서 도서 지방을 위한 '도약점'으 로 사용될 수 있다는 것 때문이었다.[15] 남장로교 한국선교회는 유서백

---

12) 김수진, 한인수, 『한국기독교회사: 호남편』, 대한예수교장로회총회 교육부, 1979, 187쪽; 조지 톰슨 브라운 지음, 천사무엘·김균태·오승재 옮김, 『한국선교이야 기』, 동연, 2010, 133쪽.

13) 박정환(2017), 앞의 논문, 228쪽.

14) J. C. Crane, "The Evangelistic Work of Soonchun Station", KMF Jul. 1936, p. 136.

15) 조지 톰슨 브라운 지음, 천사무엘·김균태·오승재 옮김, 앞의 책, 133쪽.

(John Samuel Nisbet), 변요한(J. F. Preston), 우월순(Robert M. Wilson), 하위렴(William B. Harrison) 등으로 순천선교기지 개설을 준비케 하였다. 그러나 순천선교기지가 될 현장을 직접 방문한 선교사는 고라복(R. T. Coit)과 변요한이다. 아래는 고라복 선교사의 의견이다.

> 새로운 선교기지 답사 위원회를 구성하여 샅샅이 답사한 다음에 순천(Syenchun)을 결정하였다. … 코잇과 프레스턴은 2주간을 걸친 여행을 통하여 새 선교부의 타당성을 타진하였다. 코잇은 이렇게 결론을 내렸다. "60마일 떨어진 곳을, 수많은 산과 골짜기를 넘어야 하는데, 광주에서 돌보기는 불가능하다. 순천을 중심으로 22개 교회가 있는데, 이는 광주보다 2배가 더 많다. 프레스턴이 현재와 같이 돌본다면 건강을 해칠 것이다. 그는 지난 여행에 매우 지쳐있었다. 의사는 그에게 몸을 돌볼 것을 명령했다. 오웬은 건강을 무리함으로써 그렇게 되었다.[16]

이렇게 순천에 선교기지를 설치해야 한다는 주장에는 전남 남부 구역을 담당하고 있던 변요한 선교사가 몹시 지쳐있는 상태도 고려됐다. 당시 변요한 선교사는 장거리 순회 활동으로 휴식이 필요했다. 고라복 선교사는 전임자 오기원 선교사의 예를 들면서 새로운 선교기지 설치가 해법이라고 선교회에 역설했다.

2. 순천읍교회와 사숙

1) 순천읍교회의 건축 및 선교기지 건립 시작
미국 남장로교 한국선교회는 가장 먼저 순천읍교회 건축에 관여하였

---

16) Rev. R. T. Coit, "A New Station in Korea," *The Missionary*, September 1910, pp. 468-469.

다. 1910년, 순천을 답사했던 남장로교 선교사들은 순천읍교회 초신자들 몇 명에게 세례를 베풀었다. 유서백(J. S. Nisbet) 목사가 집례하였는데, 순천읍교회에서 행해진 처음 세례식이었다.[17]

이후 순천읍교회는 예배당을 서문 밖에 있는 기지 400여 평과 초가 10여 평 되는 넓은 장소에서 현재의 매산등(언덕)이 시작되는 장소로 옮겼다. 이에 대해 순천읍교회의 설립을 알리는 『조선예수교장로회사기』의 기록을 보자.

> 기후에 서문 외에 기지 400여 평과 초가 10여 평을 매수하야 회집 예배할 새, [남장로교] 선교회에서 순천을 해지방선교의 중심지로 정하고 가옥을 건축하며 남녀학교와 병원을 설립하니 교회가 점차 발전된지라 선교사와 합동하여 연와재 40평을 신축한지라.[18]

위의 언급은 남장로교 선교회 순천선교기지에서 순천읍교회의 중요성을 말해주고 있다. 당시 신축한 순천읍교회의 새 예배당은 티(T)형 목조와가 건물이었고, 총공사비는 600원이었으며, 현재 순천중앙교회가 자리하고 있는 장소에서의 첫 번째 예배당이었다. 이렇게 1910년 남장로교 선교회는 선교기지 건립을 위한 위원회를 구성했고, 순천읍교회의 신축을 시작으로 선교기지 개설계획이 본격화되었다.

남장로교 한국선교회 순천선교기지 설치가 결정되자, 1910년 변요한, 배유지, 우월순(R. M. Wilson) 선교사는 광주북문안교회 김윤수를 보내 순천읍교회 김익평과 의논하여 선교기지를 위한 대지를 매입하였다. 1910년 10월 광주에서 개최된 연례회의는 광주선교기지 소속의 변

---

17) 김수진, 한인수, 앞의 책, 188쪽.
18) 차재명, 『朝鮮예수敎長老會史記』, 신문내교회당, 1928, 270쪽.

요한과 고라복을 순천선교기지 개척자로 임명하였다.[19]

2) 사숙의 시작

변요한과 고라복은 순천선교기지 개척자로 임명받기 전부터 순천읍
교회 사숙에 관여하였다. 이에 대해 『순천노회사』의 언급은 다음과
같다.

> 호남지방의 선교는 남장로계 선교사들에 의해 이루어졌으며, 1910년
> 순천에 선교기지를 개설하고 선교 활동을 시작하였다. 이 지역 최초
> 로 파송된 선교사인 프레스턴(J. F. Preston)과 코잇(R. T. Coit) 목사
> 에 의하여 1910년 4월 금곡동 향교 근처에 한옥 한 채를 구입하여
> 예배당으로 사용하면서 30명 정도의 학생들에게 성경과 신학문을
> 가르쳤다.[20]

위의 기록은 두 가지 사실에 주목하게 한다. 첫째 남장로교 선교회
가 '정식으로 순천에서 활동'을 시작한 해는 1910년이라는 사실이다.
변요한, 고라복 선교사는 일종의 부임 형식으로 선교활동을 시작한다.
둘째 '금곡동 향교 근처에 한옥 한 채'는 '금곡동에 소재한 향교 근처에
있는 한옥 한 채'를 말하며, 현재 영동 108번지로 당시 순천읍교회와
인접해 있었다.[21]

이곳은 주로 순천읍교회 교인들, 어른 총각으로부터 어린아이들을
포함하여 약 30여 명에게 성경과 신학문을 가르치기 시작한 곳으로서

---

19) *Minutes of Annual Meeting of the Southern Presbyterian Mission in Korea*, 1910, pp. 21-43.

20) 순천노회사편찬위원회, 앞의 책, 41쪽.

21) 매산100년사편찬위원회, 『매산백년사』, 매산100년사편찬위원회, 2010, 168-174쪽.

은성학교의 모태가 되었던 사숙이다.[22] 교육은 선교기지 개설 초기였기에, 광주에서 순천을 오고 가는 변요한, 고라복 선교사의 지도를 받아가며 순천읍교회의 평신도 지도자들이 교사로서 활동하였을 것이다.

이렇게 1910년에 고라복 선교사는 변요한 선교사와 함께 순천선교기지 개척자로 지명이 되었고, 1911년 변요한 선교사가 미국으로 떠난 후에는 사실상 순천선교기지의 사역을 전담하였다.

III. 매산학교와 교육 선교

초기 순천읍교회 사숙은 1911년 선교기지 안으로 자리를 옮겼으며 1913년 9월 은성학교로 개교하였다. 그러나 일제의 개정사립학교규칙(1915)에 의해 1916년 문을 닫았고, 1921년 매산학교란 교명으로 재개교하였으며, 1937년 신사참배를 거부하여 자진 폐교하였다.

1. 매산학교와 교육 선교사들

은성학교의 설립순서는 1913년 여학교가 남장로교 선교회에서 승인되었고, 남학교는 1914년에 승인을 받았다.[23] 그러나 은성학교의 설립은 그 기원이 순천읍교회 사숙(기독교 학교)에 있었다. 그래서 현재 매산학교(매산고등학교, 매산여자고등학교, 매산중학교)는 연혁에서 학교의 시작을 1910년 3월 미국 선교사 변요한, 고라복 목사에 의해 금

---

22) 매산100년사편찬위원회, 앞의 책, 173쪽.

23) "Report of the Educational Committee", *The Minutes of Twenty-second Annual Meeting*(1913), pp. 58-59; "Report of Business Committee", *The Minutes of Twenty-third Annual Meeting*(1914), p. 42.

곡동 사숙에서 개교한 것으로 기록하고 있다.[24)]

이후 금곡동 한옥 사숙은 매곡동으로 옮겼으며 그 형태가 천막 학교에서 정식 교사(校舍)로 변하였고 교육은 보조학교(subsidiary academy) 내지 문법학교(grammar school) 정도의 수준이었다. 1910년 사숙으로 시작된 기독교 학교에서 1937년 신사참배 거부로 폐교하기까지 교장(책임자)으로 일한 사람은 다음과 같다.

〈사숙 및 문법학교 시기〉

고라복 선교사(R. T. Coit, 1910.4~1913.8), 변요한 선교사(J. F. Preston, 1910.4~1911.4, 1912.10~1913.8)

〈은성학교 시기〉

○ 남학교: 고라복 선교사(R. T. Coit, 1914.4~1915.10), 구례인 선교사(J. C. Crane, 1915.10~1916.6)

○ 여학교: 두애란 선교사(L. Dupuy, 1913.9~1916.6)[25)]

〈매산학교 시기〉

○ 남학교: 구례인 선교사(J. C. Crane, 1921.4~1922.8), 이보린 선교사(J. B. Reynolds, 1922.9~1925.3), 원가리 선교사(J. K. Unger, 1925.4~1937.9), 변요한 선교사(J. F. Preston, 1928)[26)]

---

24) 순천시사편찬위원회에서 발간한 『순천시사: 문화예술편』, 92쪽과 『순천시사: 정치사회편』, 705쪽의 기록 역시 1910년 4월 순천선교기지 개설과 함께 변요한, 고라복 선교사가 금곡동 향교 근처의 한옥에서 성경과 신학문을 가르치기 시작하였음을 전한다.

25) 인돈학술원 편, 『미국 남장로회 내한선교사 편람』, 한남대학교 출판부, 2007, 294쪽.

26) J. F. Preston, "Editorial", *Korea Mission Field* (November, 1921), 221–222. 원가리 교장이 안식년이었던 1928년에 변요한 선교사가 남학교 교장을 잠시 맡았다.

○ 여학교: 백미다 선교사(Miss. M. L. Biggar, 1921.4~1921.9, 1926~), 도 마리아 선교사(Mary L. Dodson, 1921.10~1923.4),[27] 구례인 부인(F. H. Crane), 민유수 선교사(L. B. Miller)

매산여학교의 경우, 도 마리아 선교사가 교장을 맡다가 1924년에 광주로 이임한 후에는 크레인 부인, 민유수 여선교사가 여학교를 잠시 맡았고 이후 1926년부터 백미다가 다시 맡았다.[28] 그러나 매산학교를 통해 이루어진 교육 선교의 모든 과정에는 언제나 변요한 선교사가 있었다.

2. 교육 선교사들의 교육관

순천지역에서 사숙의 형태로 기독교 학교가 시작된 시기는 한국에서 미션스쿨을 통한 교육 선교가 활발하게 전개되던 때였다. 정치적인 상황은 "을사늑약"(1905) 이후, 일제의 간섭이 본격화되었고 일본인들이 대거 조선에 진출하던 시기였다.

이런 상황에서 미션스쿨의 교육은 방향을 전환하고 있었는데, 초기의 "무지몽매한 백성을 일깨워 일하는 근대적 시민으로 만들어 문명 개화케 하는 일"에서 더욱 "복음 선교를 위한 일꾼"을 강조하였다.[29]

호남지역에서 선교했던 제1세대 남장로교 선교사들은 당시 북장로회교 선교회의 압도적인 복음 전도사업을 반면교사 삼아, 교육과 의료선

---

27) 반신환, 「도 마리아(Mary Lucy Dodson)의 심리 전기」, 『미국 남장로교 선교사 열전』, 한남대학교 교목실, 2016, 213쪽. 도 마리아에 대한 더 자세한 내용은 정경미 옮김, 『나의 사랑 한국, 한국인』, 한남대학교 인돈학술원, 2013을 참조 바람.

28) 최영근, 「미국남장로교 선교사 존 페어맨 프레스톤(John Fairman Preston, Sr.)의 전남지역 선교에 관한 연구」, 『장신논단』 48, 장로회신학대학교, 2016.3, 105쪽.

29) 류대영, 『한국 근현대사와 기독교』, 푸른 역사, 2011, 103-106쪽.

교에 균형을 맞추려고 노력하였다. 따라서 남장로교 선교회는 복음 전도에 집중하면서도 교육과 의료를 병행하는 통합적 선교를 강조하였다. 이 시기 매산학교의 역사에서 주요한 몇 사람으로 변요한, 고라복, 구례인, 원가리, 백미다 선교사 등의 교육 활동 및 교육관을 간략히 언급해 보기로 하겠다.

1) 변요한 선교사

변요한(J. F. Preston) 선교사는 한국문화와 한국인에 대한 존중의 마음을 가지고 교육 선교에 임했다. 그는 한국교회를 자발적 헌신이 살아 있는 수준 있는 교회로 보았고, 훌륭한 지도자들과 교인들에 의해 발전하고 있다고 확신했다. 그는 남장로교 선교회의 특징을 소개하면서 다섯 개의 선교기지에는 각각 병원과 진료소 그리고 남녀학생을 위한 학교가 있다는 점을 강조하였다.[30] 그는 제국주의 열강에 둘러싸인 나라의 상황을 직시하면서 한국인들의 진정한 가능성을 이해하려고 했다. 따라서 그의 교육관은 한국 기독교인들의 헌신과 지도력을 극대화하고 약점을 보완하는 데에 있었다.[31]

변요한 선교사는 순천선교기지 설립의 기초작업을 하였고, 1911년 첫 안식년 휴가차 미국으로 건너가 선교기지 설립에 필요한 인력과 자금을 확보하였다. 은성학교 시기의 남학교와 여학교는 변요한 선교사가 미국에서 받아온 조지 왓츠의 후원금으로 설립되었다. 그리하여 학교의 이름도 George Watts School for Boys(Girls) 또는 The Watts Boys'(Girls') School로 붙여졌다. 변요한 선교사가 학교 설립의 결정적인 역할을 한 셈이다.

---

30) *The Minutes of Thirty Annual Meeting*(1922), p. 20.
31) 최영근, 앞의 글, 101쪽.

2) 고라복 선교사

고라복(R. T. Coit) 선교사는 1910년부터 순천선교기지 건설과 조성의 개척자였으며, 1929년까지 전도사역 및 교육사역을 담당하였다. 그는 변요한 선교사와 교대하면서 순천선교기지 건설을 위해 광주와 순천을 드나들었다.[32] 그는 순천선교기지 개설이 추진되자 즉시 변요한 선교사와 함께 1910년 4월경 순천읍교회 사숙의 시작에 참여했다.

고라복 선교사는 사숙과 같은 교회초등교육의 중요성을 강조하는 교육자였다. 그는 개교회 부설초등학교 운영에 주목하면서, 당시 근대식 교육에서 소외된 아동들을 교회부설학교가 수용해야 한다고 보았다. 그리하여 교회초등학교와 선교기지에서 운영하는 중등학교의 선순환 구조가 정착되기를 바랐다.

고라복 선교사는 1913년에 개교한 은성학교의 설립자 겸 초대교장이었다. 고라복 선교사의 교육에 대한 견해는 그 직접적인 기록을 찾을 수 없지만, 일제하 한국 민족의 현실에 대한 간접적인 인식이 그의 글들에 나타나 있다. 그는 우선 일본 지배하의 한국에는 '20세기 문명'(the twentieth century civilization)이 출현하고 있다고 보았다.[33]

고라복 선교사는 이미 한국의 많은 마을에는 미국의 초등학교(grammar school)에 해당하는 공립보통학교들이 세워져 있고, 일본 동경에는 500여 명의 한국 유학생들이 대학에 재학하고 있는 상황을 인정했다. 그는 이런 상황 가운데 있는 한국에서 선교사들의 병원과 학교들이 계

---

32) 한편 문화재청 자료에 의하면, 순천선교기지 건축공사는 변요한과 시로득(Swinehart) 선교사가 서로 교대로 순천을 방문하여 감독을 하며 진행하였다고 기록하고 있다. 문화재청, 『순천매산중학교 매산관 기록화 조사보고서』, 2006, 40쪽. 서로득은 미국 남장로교 광주선교기지 소속 선교사로서 1911년 내한한 그 해부터 1927년 사이 광주지역 양촌(현 양림동) 일대의 미국 남장로교의 양관 건축에 거의 책임을 지고 있었던 것으로 알려져 있다.

33) Rev. R. T. Coit, "Is Our Work in Korea Finished?," *The Missionary Survey*(August 1914), p. 568.

속 필요한지 묻고 있다.

하지만 1914년 당시 고라복 선교사의 결론은 분명했다. 모든 공립학교가 학생들에게 천황의 신격화를 가르치는 식민지 상황에서, 한국인들은 이전에 공자를 추앙하도록 교육받았듯이 이제 천황 숭배에 내몰리고 있기에, 선교사로서 자신들이 한국선교현장을 떠날 것이 아니라 오히려 교활한 신도(神道, Shinto)의 도전에 맞서 더욱 십자가와 생명의 빛을 비추어야 한다고 주장하였다.[34]

그것은 흡사 고대 로마 황제에게 했던 숭배와 다름이 없기 때문이다. 만약 시골 지역교회 학생들이 공립보통학교에 들어간다면 그들은 여호와 대신에 천황 숭배를 배운다고 보았던 것이다.[35]

고라복 선교사의 사역과 활동에서 몇 가지 주요한 교육관을 확인할 수 있다. 첫째 그는 개교회 부설초등학교 운영에 주목하였다. 둘째 그는 교육의 방향을 한국교회의 주도권 이양을 위해서 실질적인 자치를 이끌어갈 일꾼을 양성하는 데 두었다. 셋째 그는 한국선교 현장이 일본 신도(神道, shinto)의 도전에 맞서는 일꾼을 키워내는 데 있다고 보았다.[36]

3) 구례인 선교사

구례인(J. C. Crane) 선교사는 1913년 두애란(L. Dupuy) 여선교사와 함께 학교 선교를 위해 순천에 파송되었다. 순천에 배치된 이후 주로

---

34) Rev. R. T. Coit, "Is Our Work in Korea Finished?," p. 568.

35) Rev. R. T. Coit, "Church Primary School in Korea," *The Presbyterian Survey* (October 1926), p. 620. 재인용; 송현강, 「순천의 개척자 로버트 코잇(Robert T. Coit)의 한국선교활동」, 『한국기독교와 역사』 44, 한국기독교역사연구소, 2016.3, 231쪽.

36) 박정환, 「매산학교와 고라복(코잇) 선교사」, 『순천대 인문학술원 학술대회 자료집: 전남동부지역 기독교인물과 지역사회』, 2018.8, 35쪽.

순천의 서부지역을 중심으로 교회 개척 및 순회 선교활동에 매진했다. 교육 선교사로서 구례인은 은성학교 시기의 남학교 교장으로 일했으며, 1916년 은성학교가 폐교된 후에 이 학교 학생들이 광주에 유학하는 과정을 책임졌다.

그는 1921년 4월 다시 문을 연 매산학교의 초대교장이자 임시교장으로 이듬해 1922년 8월까지 일했다. 이로 인해 구례인이 담당하던 선교구역에서의 전도 및 순회사역에 문제가 생기자 남장로교 선교회는 안식년 중이던 이보린(J. B. Reynolds) 선교사의 빠른 복귀를 종용했고, 매산학교의 교장직을 대신하게 했다.

구례인 선교사가 순회전도자, 교육자, 번역자로 분주한 일상을 보내며 순천선교기지의 기둥으로 성장해 가는 동안, 그의 아내 프로랜스(F. H. Crane)도 교육 선교사이자 선교사 부인으로서 고유한 영역을 구축하였다. 주로 매산학교 여학교의 산업부를 지도하는 일을 맡아온 구례인 부인은 1920년대 중반 이후부터는 학교에서 미술 과목을 가르치는 교사 일도 병행하기 시작했다. 실제로 구례인 부인(F. H. Crane)은 미술교사로서만 그친 것이 아니라 전시회도 개최하고 도감을 낼 정도로 자신의 재능을 발휘했다.

구례인 선교사는 20년간 순천선교기지 사역을 마친 후 1937년 9월부터 1938년 6월까지 평양 장로회신학교 교수로 재직하였으며, 그 어간 신사참배에 동참한 한국 장로교 노회들과 관계가 소원해졌다. 순천노회도 1938년 4월 25일 열린 제22회 노회에서 신사참배 관련 특별결의를 통과시켰다. 당시 신사참배 문제에 강경반대 입장을 고수하던 세 선교사(변요한, 구례인, 원가리)는 이 문제로 순천노회에서 정회원 자격을 상실했다.[37]

---

37) 이재근, 「남장로교 선교사 존 크레인(John C. Crane)의 유산: 전도자·교육자·신학자」, 『한국기독교와 역사』 제45호, 2016.9, 151쪽. 구례인 선교사의 뒤를 이어

4) 원가리 선교사

원가리(J. K. Unger) 선교사는 1921년 순천선교기지에 파송되었으며 1925년부터 1937년까지 매산남학교 교장을 역임하였다. 그는 일제의 탄압 아래에서 사립병원에 대한 구호요청을 건국 규모의 운동으로 확대시킨 경험을 가지고 있다.[38] 1926년 애양원 병원으로 전임되어 활동하였고, 우월슨 의사를 도와 애양원교회에서 사역하였던 목회자이기도 했다.[39] 그는 1935년 사우스웨스턴에서 의학박사학위를 받았으며, 애양원 원장(1949~1950)을 역임하였다.

『매산100년사』에 의하면 원가리 선교사는 매산학교 교장으로 재임하면서 "일함으로 말미암아 일할 줄 알게 되는 대로 일하라. 모든 것은 하나님의 영광을 위하여 일하라"는 육영신조를 가지고 있었다. 이는 당시 『동아일보』(1935.1.1)에서 특집으로 꾸민 '전조선중등학교장 포부 육영과 나의 신조'에서 밝히고 있는 교육에 대한 소신이었다.[40] 그가 재직할 당시 매산학교는 1930년에 교사를 신축하였고, 1935년에는 농업강습소를 신설하기도 하였다.[41]

5) 백미다 선교사

백미다(Miss. M. L. Biggar) 선교사는 1910년 한국에 입국하여 광주

자녀 세대도 호남지역 선교사로 헌신하여 2대를 이은 9인 선교사 가문이 되었다. 교육자, 화가, 식물학자로서의 유산을 남긴 아내, 전도자로 짧지만 의미 있는 흔적을 남긴 남동생 부부, 평생 여성 교육에 헌신한 누나, 의사와 간호사 저술가로 두드러진 업적을 남긴 아들 내외, 전도자로 순천에서 오래 활약한 막내딸과 사위, 이들 두 세대 57년에 걸친 사역을 통해 호남지역 선교에 큰 자취를 남겼다.

38) 채진홍, 『나는 너희를 치료하는 여호와임이라』, 한남대학교 출판부, 2006, 54쪽.
39) 인돈학술원 편, 『미국 남장로회 내한선교사 편람』, 한남대학교 출판부, 2007, 584쪽.
40) 매산100년사편찬위원회, 앞의 책, 268쪽.
41) 매산100년사편찬위원회, 앞의 책, 268쪽.

선교기지 소속 교육 선교사로 활동하였고, 1913년 순천선교기지가 개설되면서 순천으로 이주하였다. 그는 두애란 선교사와 함께 초기 은성학교 여학생들을 지도하였으며, 1921년 은성학교가 매산학교란 이름으로 재개교할 때에 매산여학교 교장직을 수행하였다. 매산여학교 교장으로 재직할 당시 그는 실업교육에 중점을 두었으며, 학교 부속으로 노동부를 설치하여 학생 스스로 학비를 벌어 학교에 다닐 수 있도록 하였다. 특히 노동부 내에 날염직물 공장을 운영하여 이곳에서 생산된 제품을 국내외에 공급함으로 학생들이 학비를 조달할 수 있는 길을 제공하였다.[42)]

이상 교육 선교사들의 활동과 교육관에 대한 간략한 서술에서 다음을 정리할 수 있다. 즉 남장로교 선교회가 순천선교기지에서 목표한 교육정책은 매산학교 책임자들의 교육관과 연결되어 있을 것이고, 학생들에게 일정한 영향을 주었을 것이다.

변요한 선교사가 강조한 교육 사역은 교회의 지도자들을 양성하여 이들이 교회와 지역사회를 이끌어나가도록 하여 미래의 한국교회 반전의 토대를 마련하는 것이었다. 그는 한국교회를 자발적 헌신이 살아있는 수준 있는 교회로 보았고, 훌륭한 지도자들과 기독교인들에 의해 발전하고 있다고 확신하였다. 교육 선교를 위한 선교사들의 역할은 이런 지도자들이 배출될 수 있도록 여건을 형성하는 데 있다고 보았다.

고라복 선교사는 미션스쿨을 통한 교육 선교의 목표를 근대화의 창구로서의 역할보다는 지역의 기독교인들이 일본의 천황제 이데올로기에 매몰되지 않는 당당한 자주적 일꾼을 세우는 데 두었다. 또 그는 개교회 부설초등학교 운영에 주목하면서 선교회가 운영하는 미션스쿨을

---

42) 매산100년사편찬위원회, 앞의 책, 269쪽.

통해 배출되는 일꾼이 현장과 연결되길 바랐다.

매산남학교의 교장 원가리 선교사, 매산여학교의 교장 백미다 선교사 등은 직업교육을 강조하였다. 사실 매산학교는 개교 당시부터 경비 부족으로 운영이 어렵다고 소문난 학교였다.[43] 그래서 재정난을 타개하기 위해 매산학교에서는 모두 실업교육이 중시되었다. 실업교육은 학교의 재정 확충과 더불어 학생들의 기술 습득 및 학비 마련, 졸업 이후의 자립 생활이라는 목적도 있었다.

1913년부터 1937년까지 은성학교, 매산학교에서 이루어진 교육정책은 당시 한국교회의 다른 미션스쿨에서와 마찬가지로 복음 전도를 위한 일꾼 양성, 교육을 통한 인재양성, 여성 교육의 요람, 그리고 자립 교육 등에 초점을 맞추었다. 특별히 매산여학교 학생들의 나이는 4세에서 26세까지로 다양하였다. 1921년에 매산여학교의 '젊은 기혼여성'(young married women)을 위한 기숙사 건립예산 1,200엔이 선교회에서 승인되었다. 따라서 매산여학교는 여성의 인권이 무시되고 여성 교육의 기회가 경시되던 시대를 살아온 여성에게도 교육의 기회가 허용되었다.

IV. 매산학교와 지역사회

1. 은성학교의 인가 문제

은성학교가 폐교되고 매산학교가 재개교되던 시기, 은성학교는 남장로교 선교회 소속 다른 선교기지의 학교들과 구별되는 두 가지 문제가 있었다. 첫째는 은성학교가 당국의 인가를 받았는가 하는 점이고 둘째

---

43) 「敎螢學校彙報 순천매산학교(2)」, 『기독신보』, 1922.6.21.

는 기독교 학교와 3·1운동 관련성으로서, 순천지역의 3·1운동이 미약했던 이유를 은성학교의 폐교에서 찾을 수 있는가 하는 것이다.

1) 기독교 학교와 3·1운동

기독교 학교와 3·1운동 관련성에서 볼 때, 순천지역은 다른 지역에 비해 상대적으로 운동의 동력이 미비했다. 그 이유를 미션스쿨의 부재에서 찾을 수 있을까? 김용복은 전라도 지역 기독교 학교들의 3·1운동 참여는 기독교 학교의 급격한 팽창을 가져왔으며, 이로 인해 3·1운동 이후에 학생들이 배가하는 현상을 보여주었다고 했다. 물론 남장로교 선교회 산하 다른 선교기지와 순천선교기지의 상황이 달랐다. 1916년 은성학교가 폐교되고 1921년 매산학교가 개교되었기에 1919년 3·1운동 당시 운동의 구심점 역할을 수행할 미션스쿨의 부재도 그 원인 가운데 하나일 것이다.

이 사실은 전라도 지역의 미션스쿨의 역할이 재조명될 수 있는 근거가 될 수 있는지에 대해서는 더 자세한 연구가 필요하다. 당시 전라도는 1894년의 동학농민혁명이 무자비하게 진압되었고 1909년 일제에 의한 남한대토벌작전 등 의병진압이 있었으나, 남장로교 선교회 소속 군산의 영명학교, 전주의 기전과 신흥학교, 광주의 수피아학교와 숭일학교, 목포의 영흥학교와 정명여학교 등에서 교사와 학생들이 독립만세 운동에 참여하였기 때문이다.[44] 지역사 연구 및 다른 종교의 3·1운동 참여에 대한 연구가 요청된다. 3·1운동과 순천 기독교의 관련성 여부는 다음 논의로 남겨 둔다.

---

44) 김용복, 「호남기독교의 역사적·사회적 성격」, 『미국남장로교 한국선교100주년기념대회 보고서』, 미국남장로교한국선교100주년기념대회준비위원회, 1993, 128쪽.

2) 은성학교의 인가

은성학교는 1910년 4월에 시작된 순천읍교회 사숙이 기독교 학교로 발전하여 1913년 9월에 개교한 미션스쿨이다. 그동안 은성학교는 당국의 허가를 받아 정식으로 출발하였다고 알려져 왔었다. 『매산백년사』는 제3장에서 "은성학교는 당국의 인가를 받아 1913년 9월 개교하였다"고 기록하였다.[45]

1922년 6월 14일자 『기독신보』 역시 "이 학교가 처음 창설될 때에는 은성학교라는 이름을 띠고 나타났다. 인가도 있었다. 그래서 생도수가 꽤 많았고 … 믿지 않은 일반인들까지도 이 학교에 대한 기대가 높았다"고 기록하고 있다.

그런데 남장로교 선교회의 연례회의록, 부명광(G. T. Brown) 선교사의 『한국선교이야기』(Misson to Korea) 등에 의하면 은성학교의 인가 문제에 대하여 다른 설명을 하고 있다. 먼저 Mission to Korea의 기록은 다음과 같다.

"1915년 4월 일제의 개정사립학교규칙에 의해 … 사립학교들은 10년 내에 이 규칙을 따라야 하며 … 남장로교 지역에서 전주, 군산, 목포와 광주의 학교들은 새 법령 선포 전에 정부로부터 지정학교의 인가를 받아서 교육이 계속 허용되었다. 그러나 순천의 학교들은 너무 늦게 시작하여 옛 법령으로 인가를 받지 못했다. 순천에서는 금지된 성서교육을 하는 것 외에는 모든 규정을 다 맞추어 행했다."[46]

1916년 어느 날 당국은 학교를 책임지고 있던 크레인 박사에게 "그곳(순천)에서의 교육을 금할 것을 명령한다"는 공식 통지문을 보냈

---

45) 매산100년사편찬위원회, 앞의 책 196쪽.
46) 조지 톰슨 브라운 지음, 천사무엘·김균태·오승재 옮김, 앞의 책, 141-142쪽.

다.[47] 당시 미국 남장로교 선교회는 순천선교기지가 "당국이 허락하는 학년까지 사숙(私塾)의 형태로 학교들을 운영"하면서 "미인가학교로서 계속 운영할 수 있도록 허락해 줄 것"을 총독부 관계자들에게 요청하였다.[48] 이렇게 은성학교는 인가신청을 하면서 3년간 운영하였는데, 결국 성경교육을 금하는 1915년 규칙으로 인해 1916년 자진 폐교하였다.[49]

1915년 10월에 열린 남장로교 한국선교회 제24회 연례회의는 당국의 규정을 지키지 못해서 순천남학교(은성학교)가 폐쇄될 경우, 소속 학생 25명을 광주남학교의 자조(self-help)부에 배치하고 여행경비(교통비)는 선교회가 부담할 것과 다음 해 순천학교 예산 600엔은 광주로 보내고, 400엔은 순천 학생들에게 제공할 논을 사는 데 사용할 것을 결의한 바 있었다.[50]

은성학교가 폐교된 후, 구례인 선교사의 사역 가운데 하나는 은성학교 학생들을 광주학교(숭일학교)에서 유학생으로 공부하는 정책을 실천한 것으로서,[51] 그는 다른 지역에서 공부하는 순천 학생들을 관리하였다.

남장로교 선교회의 승인을 받아 개교한 지 불과 3년도 못 되어 은성학교는 일제의 개정사립학교규칙(1915)에 의해 1916년 6월 자진 폐교의 수순을 밟았다. 성경을 마음대로 가르치지 못하는 학교가 선교에 도무지 무슨 의미가 있겠는가 회의론도 우세하였다. 당시 전국에서 1915년

---

47) J. C. Crane, "The Evolution and Execution of a school", *The Missionary Survey*(March, 1917), p. 203.

48) "Report of th Educational Committee", *The Minutes of the Twenty-fourth Annual Meeting of the Southern Presbyterian Mission in Korea* (1915), pp. 60-62.

49) J. F. Preston, "Southern Presbyterian Mission in Korea: Workers Needed", *Korea Mission Field* (April, 1921), p. 78. 재인용; 최영근, 앞의 글, 104쪽.

50) *The Minutes of the Twenty-fourth Annual Meeting of the Southern Presbyterian Mission in Korea*(1915), p. 61.

51) *The Minutes of the Twenty-fifth Annual Meeting of the Southern Presbyterian Mission in Korea*(1916), p. 29.

직후 1년간 300개가 넘는 사립학교가 문을 닫았다.[52]

2. 매산학교 개교와 폐교, 그리고 기독교 신앙

1) 은성학교의 폐교와 매산학교의 재개교

폐교하였던 은성학교는 약 4년 10개월 만인 1921년 4월 15일 교명을 매산학교(梅山學校)로 하고, 구례인(J. C. Crane) 선교사를 설립자로 하여 다시 개교하였다. 1919년 3·1운동 이후 한국에 대한 일제의 유화정책에 의한 문화 정치적 상황에서 1921년에 이르러 "마음대로 성경을 가르치며 학교를 운영해도 된다는 당국의 허락"을 받았다.[53] 1922년 6월 당시 고등과 학생이 33명, 보통과 학생이 207명이었다.

1913년 시작된 은성학교와 1921년 문을 연 매산학교의 가장 큰 차이점은 고등과의 개설이다. 매산학교가 개교할 당시 남장로교 선교회는 재정적인 문제로 보통과만 설치하려고 했었다. 그러나 순천읍교회의 지도자들과 지방 유지들은 고등과 설치를 강력히 요구했다. 아래는 1920년 여름 『동아일보』 기사이다.

> 학교를 여전히 부활하기 위하여 금번 광주에 개최된 선교사회에서 차 문제를 협의할 터인바 경비의 관계로 고등과는 의문이라는 선교사의 논의가 유함으로 지방교우측에서 분기하야 경비 약간을 부담하고 기필코 고등학교를 설립키 위하야 교회대표로 목사 이기풍, 장로 오영식, 유지 김양수 3씨를 선발하야 광주선교사회에 파견하야다더라.[54]

---

52) 매산100년사편찬위원회, 앞의 책, 220쪽.

53) 백미다(Meta. L. Bigger), 〈선교보고〉(1922.5.5) 재인용; 매산100년사편찬위원회, 앞의 책, 241쪽.

54) 「순천고교부활乎」, 『동아일보』, 1920.6.28.

당시 매산학교의 설립은 기독교계의 커다란 염원이자 순천지역의 인재양성에 대한 갈망을 담고 있었다. 남장로교 선교회가 경비문제로 보통과만 설치하려 하자 순천읍교회 담임 이기풍 목사와 기독교계 지도자 그리고 지역 유지들이 경비를 일부 부담하면서 남장로교 선교회에 고등과의 설치를 요구했고 조선교회 측에서 매산학교에 매년 천 원씩을 부담하기로 하여 고등과를 개설하게 되었다. 매산학교의 고등과 설치는 3·1운동 실패 후 좌절되었던 당시 한국인들의 구국에 대한 열망과 교육에 대한 열망이 반영된 것으로 이해할 수 있다.

2) 매산학교의 폐교

1920년대 매산학교는 교육을 통하여 기독교에 대한 신뢰를 견고히 해 갔다. 처음부터 실업교육이 강조되었고, 노동을 천시하는 잘못된 '양반의식'을 교정하고 가난한 학생들이 공부할 수 있는 여건을 만들어 갔다. 교육 선교 현장에서도 매산학교와 지역민은 서로 영향을 주고 받았다.

매산학교는 당시 순천지역 사회에 기독교 문화를 확산시키는 창구가 되었다. 매산학교는 근대음악, 근대 스포츠, 웅변대회, 직업교육 등 적극적인 활동을 통해 근대문화를 지역사회에 보급시키는 동시에 기독교 복음도 확산시켰다.

특별히 학생들의 자치활동을 통해 지역사회와 밀접한 관계를 형성하였다. 학생들은 여름방학 때면 덕육부를 중심으로 순회전도대를 조직하여 순천은 물론 구례, 곡성, 보성, 고흥, 광양 등 인근 군(郡)을 돌며 전도 활동을 벌였다. 또 순천읍교회에서 매산학교 학생들로 구성된 음악회와 문학의 밤 행사도 열었다.

그러나 1930년대 중반, 일제의 신사참배 강요 문제가 한국교회의 당면한 가장 중요한 도전이 되었다. 남장로교 선교회는 신사참배에 있어

타협을 통한 생존보다는 폐쇄를 통한 거부를 택했다. 그리하여 매산학교는 1937년 9월 학교를 자진 폐쇄하게 되었다. 당시 지상(紙上)에서는 계속하여 장로교 선교회를 향하여 "한국의 교우야 어찌되든지 자기네의 신앙만 위하여 각기 고국으로 돌아가고 말 것이냐!" 항변하였다.

신사참배 문제에 대해서 여러 교파가 연합전선을 펴지 못하고 있었고, 현장에 있는 선교사들도 이 문제로 의견이 갈라져 있었다. 부명광(G. T. Brown) 선교사는 당시의 상황을 아래와 같이 썼다.

신사참배 문제는 너무 혼란스럽게 되어서 교회는 분명한 목소리를 내지 못하게 되었다. 문제를 혼란스럽게 하는 당국의 모든 시도, '학교는 어떤 값을 치르더라도 열어야 한다는 한국 사람들의 강한 욕망', 그리고 각 선교회 사이에 많은 다른 의견이 있었지만 남장로교 선교회는 이 문제가 유일신교와 다신교 사이의 문제라는 분명한 결론을 내렸다.[55]

남장로교 선교회는 신사참배 문제에 대하여 강경하게 반대 입장을 표명했다. 기독교인은 홀로 진리이시고 살아계신 하나님을 예배하며 그분만을 섬기기 때문에 신사참배에 참여할 수 없었다. 그래서 선교회는 신사에 참배하기보다는 학교를 폐교하기로 방침을 정하고 선교본부에 연락을 하였다. 남장로교 선교회의 입장은 실행위원회 총무 풀턴(C. Darby Fulton)의 방문으로 큰 힘을 얻었다. 풀턴은 선교회의 입장에 진심으로 동의했고, '신사참배 문제를 양보하는 것은 모든 기독교 선교의 목적과 프로그램을 망쳐 버린다'고 보았다.[56]

1937년 9월 6일 남장로교 선교회 소속 거의 모든 미션스쿨이 최종적

---

55) 조지 톰슨 브라운 지음, 천사무엘·김균태·오승재 옮김, 앞의 책, 212쪽.
56) 조지 톰슨 브라운 지음, 천사무엘·김균태·오승재 옮김, 앞의 책, 215쪽.

으로 폐교하였다. 매산학교도 자진하여 폐교하기로 결정하였고, 자발적 신청에 의하여 당국의 폐교인가를 받아 그해 9월 28일 폐교식을 거행하였다. 매산학교의 재학생들은 순천보통학교로 편입되었다.

매산학교의 결정은 신사참배에 대한 불복으로 인한 자진폐교였다. 이러한 선택을 하였기에 매산학교를 비롯하여 남장로교 선교회 경영의 미션학교는 오늘날 하나님과 역사 앞에 부끄럽지 않게 되었다. 결국 매산학교는 조국의 광복과 함께 또 다시 하나님과 국가와 민족의 학교로 거듭 태어나는 영광을 준비하게 되었다.[57]

V. 맺음말

이 글은 남장로교 한국선교회에 의해 순천선교기지 설립이 추진된 1910년 어간의 시점에 주목하여, 당시 미션스쿨인 매산학교의 교육 선교 과정을 살펴보는 데 중점을 두었다. 미국 남장로교 한국선교회는 의료선교·교육 선교·복음 선교를 균형 있게 전개하였다. 특별히 1910년 순천읍교회 사숙에서 출발한 매산학교를 통해 교육 선교가 진행되었다. 매산학교는 기독교 신앙의 정체성을 지키면서 현지인 지도자를 양성하는 역할을 감당하였다. 김효시는 호남권에서 펼쳐진 선교와 그 정신적 가치를 다음과 같이 언급하였다.

> 미국 남장로교 선교사들은 전남·북 지역 수요 도시(전주, 군산, 목포, 광주, 순천 등)에 정착하여 선교기지(mission station)를 설립했다. 교회, 학교, 병원, 사택 등을 세워 기독교 선교활동에 종사했던 그들의 삶과 사역을 통해 이 지역에 유, 무형의 유산을 남겨 놓았

---

57) 매산100년사편찬위원회, 앞의 책, 371쪽.

다. 이들은 새로운 교육으로 사람들을 일깨웠고, 한국 사람의 의식 개혁과 생활 문화 형성에 지대한 공헌을 했다.[58]

미국 남장로교 선교회와 순천선교기지 교육 선교의 요람이었던 매산학교가 순천지역에 남긴 유, 무형의 유산은 무엇일까? 그것은 기독교 신앙의 정체성을 붙들면서 현지인들의 지도력을 이끌어 내려는 데 있었다.

1913년에 개교하였으나 1916년에 폐교한 은성학교는 근대화에 대한 지역민의 열망보다 성경을 가르치는 학교라는 인식을 분명히 하였다. 1937년 가을 신사참배 거부로 자진 폐교한 매산학교는 역사에서 기독교 신앙이 과연 무엇인지 기독교 신앙과 그 의미를 새로운 차원에서 던져주었다.

매산학교의 자진 폐교 결정은 학교 한 곳의 결정으로 그치지 않고 기독교의 순결성을 담보하면서 한국교회의 선교를 온전케 하는 요소가 되고 있기 때문이다. 매산학교의 폐교는 비록 과거의 일이었지만, 오고 오는 세대를 통하여 순천지역 교육 선교의 온전성을 풍부하게 해 주는 요소로 작용할 것이다.

---

58) 김효시, 「호남권 종교문화유산의 현황과 정신적 가치, 기독교를 중심으로」, 『종교문화학보』 제14집, 전남대학교 종교문화연구소, 2017.12, 48쪽.

〈참고문헌〉

『동아일보』, 『기독신보』

J. C. Crane, "The Evangelistic Work of Soonchun Station", *KMF*(Jul. 1936)

J. C. Crane, "The Evolution and Execution of a school", *The Missionary Survey*(March, 1917)

J. F. Preston, "Southern Presbyterian Mission in Korea: Workers Needed", *Korea Mission Field*(April, 1921)

Rev. R. T. Coit, "A New Station in Korea," *The Missionary*(September 1910)

Rev. R. T. Coit, "Church Primary School in Korea," *The Presbyterian Survey*(October 1926)

Rev. R. T. Coit, "Is Our Work in Korea Finished?," *The Missionary Survey*(August 1914)

김수진, 한인수, 『한국기독교회사: 호남편』, 대한예수교장로회총회 교육부, 1979.

류대영, 『한국 근현대사와 기독교』, 푸른 역사, 2011.

매산100년사편찬위원회, 『매산백년사』, 매산100년사편찬위원회, 2010.

문화재청, 『순천매산중학교 매산관 기록화 조사보고서』, 2006.

순천노회사편찬위원회, 『순천노회사』, 순천노회사편찬위원회, 1992.

순천시사편찬위원회, 『순천시사: 문화예술편』, 순천시사편찬위원회, 1997.

순천시사편찬위원회, 『순천시사: 정치사회편』, 순천시사편찬위원회, 1997.

인돈학술원 편, 『미국 남장로회 내한선교사 편람』, 한남대학교 출판부, 2007.

정경미 옮김, 『나의 사랑 한국, 한국인』, 한남대학교 인돈학술원, 2013.

조지 톰슨 브라운 지음, 천사무엘·김균태·오승재 옮김, 『한국선교이야기』, 동연, 2010.

차재명, 『朝鮮예수敎長老會史記』, 신문내교회당, 1928.

채진홍, 『나는 너희를 치료하는 여호와임이라』, 한남대학교 출판부, 2006.

김용복, 「호남기독교의 역사적·사회적 성격」, 『미국남장로교 한국선교100주년 기념대회 보고서』, 미국남장로교한국선교100주년기념대회준비위원회, 1993.

김효시, 「호남권 종교문화유산의 현황과 정신적 가치, 기독교를 중심으로」, 『종교문화학보』제14집, 전남대학교 종교문화연구소, 2017.12.

박정환, 「매산학교와 고라복(코잇) 선교사」, 『순천대 인문학술원 학술대회 자료집: 전남동부지역 기독교인물과 지역사회』, 2018.8.

박정환, 「순천지역 교육 선교와 매산학교」, 『南道文化硏究』33, 순천대학교 남도문화연구소, 2017.

박정환, 「초기 제주도 개신교 형성사」, 『한국기독교와 역사』39, 한국기독교역사연구소, 2013.7.

반신환, 「도 마리아(Mary Lucy Dodson)의 심리 전기」, 『미국 남장로교 선교사 열전』, 한남대학교 교목실, 2016.

송현강, 「순천의 개척자 로버트 코잇(Robert T. Coit)의 한국선교활동」, 『한국기독교와 역사』44, 한국기독교역사연구소, 2016.3.

이양재, 「순천지역 초기 선교역사 연구: 광양 신황리교회를 중심으로」, 호남신학대학교 석사학위논문, 2001.

이재근, 「남장로교 선교사 존 크레인(John C. Crane)의 유산: 전도자·교육자·신학자」, 『한국기독교와 역사』제45호, 2016.9.

최영근, 「미국남장로교 선교사 존 페어맨 프레스톤(John Fairman Preston, Sr.)의 전남지역 선교에 관한 연구」, 『장신논단』48, 장로회신학대학교, 2016.3.

순천기독면려청년회 활동과 순천청년회[*]

임송자

I. 머리말

국립국어원 표준국어대사전에 따르면, '청년'은 "신체적·정신적으로 한창 성장하거나 무르익은 시기에 있는 사람"을 가리킨다. 예부터 오랫동안 사용되었던 '젊은이'를 대신하여 '청년'이라는 용어가 19세기 후반에 이르러 사용되기 시작하였으며, 이러한 변화는 일본의 영향에 의한 것으로 파악되고 있다.[1] '청년'이라는 용어는 1900년 초에 이르러 본격적으로 확산되었으며, '젊은이'를 일컫는 근대어로 정착되었다.

청년은 국권이 침탈되고 상실되는 과정에서, 그리고 일제 식민지 체제 아래에서, 근대 교육계몽운동이나 민족운동, 더 나아가서 사회주의

---

* 순천대 남도문화연구소에서 발간하는 학술지 『남도문화연구』 37(2019.8)에 실린 논문인 「순천기독면려청년회 활동과 순천청년회」를 수정·보완한 글이다.

1) 박철하, 『청년운동』, 독립기념관 한국독립운동사연구소, 2009; 이기훈, 『청년아 청년아 우리 청년아』, 돌베개, 2014. 박철하는 일본에서 1880년에 YMCA가 설립될 때 이를 기독교청년회로 번역하였으며, 1887년에는 『新日本之靑年』이라는 책이 출간되면서 '청년'이라는 용어가 사용되기 시작하였는데, 일본유학생의 영향에 의해 국내에서 '청년'이라는 용어가 확산되었다고 보고 있다.

운동의 선구적인 주체로 자리를 잡아나간 존재이다. 청년은 단일한 계급이 아니라 다양한 계급과 계층으로 분류되며, 여기에 더하여 종교나 성별을 기준으로 구분되기도 한다. 즉, 청년층에는 노동청년, 농민청년, 지식청년, 여성청년, 기독청년, 불교청년 등으로 다양한 범주가 포함되는 것이다. 청년운동은 '청년' 범주의 다양성으로 인해 그 양상도 여러 갈래로 나뉜다. 부문운동으로서 청년운동은 1920년대에 본격화되었는데, 전라남도 순천지역의 청년운동도 1920년대 초에 이르러 활발하게 전개되었다.

1918년 10월 15일에 순천기독면려청년회가, 1920년 7월에는 순천청년회가 결성되었다. 1923~1924년에 이르러서는 면 단위에서 면청년회가 결성되었으며, 1923년 9월에는 순천노동청년회가, 1926년 1월에는 순천여자청년회가 출범하였다. 이외에도 순천지역에는 조선불교청년회 순천송광지회, 선암사불교청년회, 순천청년구락부, 순천유학생대회, 순천고학생상조회, 순천학우회, 순천운동구락부 등의 청년단체가 각지에서 결성되었다.[2] 이들 조직은 지역사회 청년운동을 선도한다는 자부심 아래 활동을 전개해 나갔다.

순천지역 청년들은 여러 유형의 청년조직에 참여하여 활동하면서 지역사회를 각성시키고 이끌어나갈 주체로서 자신들을 발견하였다. 그리고 각자가 처해진 위치에서 지역의 현안문제를 해결하는데 적극적이었으며, 새로운 사회를 이끌어나갈 이상적인 대안을 모색하고, 실천하는 것을 사명으로 삼았다.

순천지역의 청년운동을 다룬 연구로는 이애숙의「순천의 청년운동」이 있다. 이 글은 순천시사편찬위원회에서 1997년에 발간한『순천시사: 정치·사회편』에 수록된 것으로, 청년조직의 활동, 청년운동 분화

---

2) 順天市史編纂委員會,『順天市史: 정치·사회편』, 1997.

과정, 순천청년동맹 결성과 신간회 참여 등을 다루었다. 1920년대 순천지역의 청년운동에 중점을 둔 연구라 할 수 있다.[3] 그런데 순천기독면려청년회에 대한 서술은 상당히 소략한 편이어서 아쉬움이 남는다. 또한 윤정란의 「순천지역 기독교의 수용과 확산」이 있다. 제목으로도 알 수 있듯이 순천지역에서 기독교가 수용되고 확산되는 과정을 살펴본 것으로 순천기독면려청년회에 대해서는 부분적인 서술에 그치고 있다.

이러한 연구사적 현황을 볼 때, 순천기독면려청년회에 대한 구체적이고도 본격적인 연구는 이루어지지 않았다. 순천지역은 기독교적인 영향력이 강했던 지역 중의 하나였기 때문에 일제시기 사회운동을 이해하기 위해서는 순천기독면려청년회에 대한 구체적인 연구가 선행될 필요가 있는데도 지금까지는 일반 청년운동의 부차적인 존재로서 순천기독면려청년회를 다루었다.

이글은 이러한 연구사적 한계를 메우기 위해 순천기독면려청년회를 중심에 놓고 순천지역의 청년운동을 탐색하고자 한다. 순천지역의 청년운동이 기독교적인 영향 아래에서 토대를 갖춰나가면서 활동을 전개했다는 관점을 견지하면서 1920년대 전반기를 중심으로 순천기독면려청년회의 활동과 청년운동에서의 위상을 검토하고자 한다. 또한 순천기독면려청년회와 순천청년회의 조직적인 연관성이나 사회운동 조직의 인적 관계망을 대략적으로라도 파악하고자 한다. 이러한 연구는 순천기독면려청년회와 순천청년회에서 활동했던 인물들이 해방 후 순천지역사회, 더 나아가 전남동부지역사회 전면에 등장하여 좌우대립의 갈등구조 속에서 정치·사회운동을 전개한 면모를 확인하는데 기여할 것으로 여겨진다.

---

3) 몇 군데에서 오류도 눈에 띄긴 하지만, 일제시기 1920년대 순천지역 청년운동을 전반적으로 다루고 있어 개략적으로 이해하는데 도움이 되는 연구이다.

II. 순천기독면려청년회의 결성과 활동

1. 순천읍교회와 순천기독면려청년회 결성

1900년대 이래 순천지역은 남장로교의 영향을 크게 받은 곳으로, 호남에서 기독교 거점지역 중의 하나로 성장하였다. 1907년 4월 조상학 (趙尙學) 조사가 금곡동 향교 부근의 양사재(養士齋)를 빌려 예배당으로 사용한 것이 순천읍교회(현 순천중앙교회)의 첫 출발이었다.[4] 1908년에는 양사재에서 벗어나 서문 밖 ㄱ자형 5칸짜리 집을 매입하여 예배당으로 사용했으며,[5] 1910년 3월 매곡동에 20평 규모의 T자형 목조건물을 신축함으로써 교세 확장의 터전을 확보할 수가 있었다. 또한 1913년 순천선교부가 개설되면서 순천읍교회는 성장을 거듭했고, 이와 더불어 순천지역의 기독교세도 크게 확대되었다.[6]

순천읍교회는 성장을 거듭하는 과정에서 복음전파와 더불어 지역사회를 이끌어나갈 '청년'세력에 주목하게 되었다. 당시 감리교 계통의 웹윗청년회, 교파를 초월한 기독교청년회 등이 결성되어 활동을 전개

---

4) 순천읍교회 창설연도에 대해 이견이 있으나 1907년을 따르기로 한다. 『기독신보』 1917년 10월 3일자에 "전라남도 슌텬읍 매곡의 교회난 셜립된 지 우금 십년에"라는 것을 근거로 삼았다. 「슌텬쇼식」, 『기독신보』 1917.10.3. 순천읍교회에서 순천중앙교회로 명칭이 변화한 시기에 대해서는 인물편_제헌의원 황두연의 생애와 순천지역 활동 참조.

5) 평신도회 지육부, 『순천중앙교회약사』, 1971, 23-24쪽.

6) 『朝鮮예수敎長老會史記』는 순천읍교회의 발전상을 다음과 같이 기록하였다. "順天郡 邑內敎會가 成立하다. 先是에 本里人 崔仕集은 大谷里 趙尙學의 傳道를 因하야 밋고 崔珵義('羲'의 誤記; 필자)난 麗水 曺義煥의 傳道로 밋은 後 西門 內 姜時突 私邸에 集會하다가 養生齋를 臨時禮拜處所로 使用하얏고 其後에 西門外에 基址 四百餘坪과 草屋 十餘坪을 買收하야 會集禮拜할 새 宣敎會에서 順天을 該地方 宣敎의 中心地로 定하고 家屋을 建築하며 男女學校와 病院을 設立하니 敎會가 漸次 發展된 지라 宣敎師와 合同하야 煉瓦製 四十坪을 新建하니라" 車載明, 『朝鮮예수敎長老會史記』, 新門內敎會堂, 1928, 270쪽.

해 나가고 있었다. 이러한 상황이 장로교 계통의 청년단체 결성에 자극
제가 되어 기독면려청년회를 조직하기에 이르렀다. 장로교 계통의 면
려청년회는 1913년경 새문안교회에서 가장 먼저 조직된 것으로 추정하
여 주장하기도 하고,[7] 1921년 경북 안동 장로교회에서 선교사 앤더슨
(W. J. Anderson, 안대선)에 의해 처음으로 조직되었다는 견해도 있
다.[8] 순천기독면려청년회는 경북 안동보다 앞선 1918년 10월 15일에
결성되었다.[9]

안동보다 순천에서 면려청년회 결성이 앞섰다는 주장은『순천시사』
에서 먼저 제기하였다. 그런데 어떠한 근거에서 1918년 10월 15일에
결성되었는지는 밝히지 않고 있다. 따라서 다른 지역과 비교하여 상당
히 일찍 순천에서 기독면려청년회가 만들어졌다는 사실을 구체적으로
확인할 필요가 있다.

먼저 순천기독면려청년회의 창립연도를 대략적으로 확인할 수 있는
기록은『동아일보』1921년 5월 21일자 기사이다. 즉,『동아일보』는 "전
남 순천기독면려청년회에서는 거(去) 4월 21일 목요 하오 8시 반에 순
천매산학교 상층(上層)에서 제4회 정기총회를 개최"하였다고 보도하였

---

7) 새문안교회 소장자료「면려회 회록」을 근거로 1913년경에 조직되었다고 주장하고
   있다. 즉, 1919년 2월 12일 현재 71회의 회의를 개최한 것으로 되어 있어 매월 면
   려회를 개최한 것으로 상정하여 역산한다면 적어도 1913년경에 조직된 것으로 볼
   수 있다는 것이다. 또한 1914년「새문안 제직회록」에도 면려회 서기 보고 순서가
   보이기 때문에 1913년경 창립설을 뒷받침하고 있다고 주장하였다. 윤경로,『새문
   안교회 100년사(1887~1987)』, 대한예수교장로회 새문안교회 역사편찬위원회,
   1995, 237쪽. 새문안교회에서 조직한 면려회는 3·1운동 이후 2년 동안 중지되었
   다가 1921년 5월에 〈새문안예배당면려회〉로 다시 재조직되어 활동을 재개하였다
   고 한다.

8) 金南植,『韓國基督敎勉勵運動史』, 성광문화사, 1979, 119-120쪽; 장규식,『일제하
   한국 기독교민족주의연구』, 혜안, 2001, 149쪽.

9) 順天市史編纂委員會, 앞의 책, 608쪽.

다.[10] 이러한 기록을 토대로 1918년에 결성한 것으로 상정할 수 있다. 1921년에 제4회 정기총회가 개최되었다면 해마다 정기총회를 개최한 것으로 간주하여 1918년에 결성되었다고 이해할 수 있기 때문이다.

순천기독면려청년회가 1918년에 결성되었다는 주장을 뒷받침할 수 있는 기록이 또 하나 존재한다. 그것은 순천읍교회의『당회록(堂會錄)』이다.『당회록』은 1918년 9월 30일 열린 당회에서 청년회를 세우기로 변요한 목사가 동의하고 정태인 목사가 재청하였다고 기록하였다.[11] 또한 1918년 12월 27일 열린 당회에서 "청년회 규칙은 면려청년회 규칙대로 준행하기로" 결정하였다고 기록하였다.[12] 따라서 전자의 기록을 통해서 1918년 9월 30일 이후에 결성되었다는 사실을, 그리고 후자의 기록을 통해서 1918년 12월 27일 이전에 이미 면려청년회가 결성되었다는 사실을 확인할 수 있는 것이다. 이러한 기록 외에도『동아일보』1923년 10월 19일자는 순천기독면려청년회가 "창립 5주년 기념총회"를 개최하였다고 보도하였다.[13] 따라서 순천기독면려청년회가 1918년 10월에 결성되었다는 것을 기정사실로 받아들일 수가 있다.

다음으로 창립일에 대해서 살펴보자. 창립일을 확실하게 알 수 있는 기록은『동아일보』1921년 10월 26일자 기사이다. 즉,『동아일보』는 "거(去) 15일은 순천기독면려청년회 창립기념일이라 당일 오후 1시부터 회원일동은 사립 매산학교 운동장에 회동하여 각종 경기로 각기 용기를 발휘하고 동 5시에 산회하였다가 오후 7시 반에 동 학교 상층에 다시 모여 회장 김양수 씨의 사회 하에 기념식을 거행"하였다고 보도하

---

10)「勉勵青年會 定期會」,『동아일보』1921.5.11.

11) 順天邑敎會·順天中央敎會,『堂會錄』, 1918.9.30.

12) 順天邑敎會·順天中央敎會,『堂會錄』, 1918.12.27.

13)「順天基督靑年 總會」,『동아일보』1923.10.19.

였다.[14] 이 기사는 확실하게 창립날짜를 10월 15일로 못 박고 있는 것이다. 따라서 순천기독면려청년회는 1918년 10월 15일에 결성되었다고 확실하게 주장할 수가 있다.

순천기독면려청년회 결성 당시 당회를 이끌어간 인물은 변요한(John F. Preston), 정태인(鄭泰仁), 김영진(金永鎭)이었다. 따라서 이들이 순천기독면려청년회를 결성하는데 중요한 역할을 하였을 것으로 짐작된다. 널리 알려져 있듯이 변요한은 미국 남장로교 선교사로 1907년 4월부터 순천읍교회 당회장이 되어 교회를 이끌어간 인물로 '순천선교의 아버지'로 불리고 있다. 순천선교부 개설에 지대한 공헌을 하였고, 매산학교와 알렉산더병원 설립을 주도하였다. 1940년 신사참배 반대문제로 일제에 의해 강제추방당할 때까지[15] 기독교 선교를 위해 분투한 인물이다. 정태인은 순천지역에서 배출한 최초의 목사였으며, 1918년 7월부터 순천읍교회에서 변요한과 함께 동사목사로 재직했다. 그는 1920년 2월 고흥읍교회로 전임되었다.[16] 김영진은 1865년 황해도 개성 출생의 사업가였으며, 1907년 목포 양동교회에서 세례를 받았다. 1915년 순천읍교회에서 활동하였으며, 1916년 순천읍교회 최초로 장로 임직을 받았다.[17] 그는 '순천에서 가장 강력하고 영향력 있는 기독교 지도자'라는 평을 들었다.[18]

기독교청년면려회는 1881년 미국 포트랜드(Portland)시 엘링스턴 교

---

14) 「勉勵靑年會 紀念」, 『동아일보』 1921.10.26.

15) 안기창, 『미국 남장로교 선교 100년사(순천지방을 중심으로)』, 진흥, 2010, 109쪽, 127쪽.

16) 韓國敎會史學會 編, 『朝鮮예수敎長老會史記』 下卷, 연세대학교출판부, 1968, 294-295쪽; 차종순, 「순천중앙교회의 태동과 발전」, 『인문학술』 창간호, 순천대 인문학술원, 2018.11, 33-34쪽.

17) 차종순, 앞의 논문, 30-31쪽.

18) 안기창, 앞의 책, 122쪽.

회의 클라크(Francis Edward Clark) 목사에 의해 발단된 것으로,[19] 교파를 초월한 국제조직(International Society of Christian Endeavor)이었다. 북장로교 선교사들이 이러한 조직을 국내에 소개하면서 전파되었으며, 그 영향으로 1920년대 초에 이르러 상당수의 장로교회 내에 면려회가 조직되었다. 또한 1921년에는 면려청년회의 전국적인 조직에 착수하기도 했다.[20] 이는 각지의 일반 청년단체 121개가 가입하여 1920년 12월 12일에 전국적 연합기관으로 조선청년회연합회[21]를 결성한 것에 자극을 받은 것으로 보인다.

1921년에 전국적인 면려청년회 조직에 착수하였으나 곧바로 실현을 보지 못하였고, 1924년 12월에 이르러 기독청년면려회 조선연합회를 결성할 수 있었다. 결성 당시 면려청년회는 지회 178개, 회원수 3,057명(혹은 6,336명)이었다.[22] 순천지역의 경우는 면려청년회 11개, 회원 246명이었다. 조선기독교청년회 전남연맹은 1928년 3월 23일에 결성되었다.[23] 면려청년회는 이후 계속 증가세를 보여 1928년에 지회 395개, 11,849명, 1929년에 지회 596개, 회원수 12,297명, 1930년에 지회 531개, 회원 15,600명으로 늘어났다.[24]

---

19) 金南植, 앞의 책, 112쪽.

20) 김덕, 「1920~30년대 기독청년면려회 연구」, 『한국기독교와 역사』 18, 한국기독교역사학회, 2003.2, 208-209쪽.

21) 조선청년회연합회는 전국적인 청년단체의 연합체임을 표방하였지만 중앙집권적인 전국조직으로 보는 데에는 한계가 있었다. 박철하, 『청년운동』, 독립기념관 한국독립운동사연구소, 2009, 16-17쪽.

22) 김덕, 앞의 논문, 212-213쪽; 한규무, 『일제하 한국기독교 농촌운동』, 한국기독교역사연구소, 1997, 152쪽. 김덕은 1924년에 지회 178개, 회원수 3,057명으로 보고 있으나, 한규무는 지회 178개, 회원 6,336명으로 기록하고 있다.

23) 「朝鮮基靑全南聯盟 創立總會」, 『기독신보』 1928.5.2. 창립총회에서 선출된 임원은 위원장 김응규(金應圭)·변요한(邊堯漢), 총무 최○균(崔○均) 등이었다.

24) 한규무, 앞의 책, 152쪽.

2. 순천기독면려청년회의 조직 구성과 주도 인물

순천기독면려청년회의 초기 조직이나 활동내용을 구체적으로 파악하기에는 어려운 점이 있다. 다만, 결성된 지 얼마 안 되어 3·1운동이 일어났으며, 이후 일제가 교회 내 청년들의 집회를 중지했기 때문에[25] 한동안 명맥만을 유지하였을 것으로 짐작할 뿐이다. 순천기독면려청년회의 조직적인 면모는 1921년 4월 21일과 1922년 7월 24일에 각각 열린 총회를 통해서 파악할 수 있다. 두 차례의 총회에서 선출된 임원은 아래 〈표〉와 같다.

1921.4.21. 총회	회장 김양수(金良洙), 부회장 김주봉(金周鳳), 총무 이창수(李昌洙), 덕육부장 최정희(崔珵羲), 지육부장 최남립(崔南立), 체육부장 은이갑(殷二甲), 서기 최영기(崔永基), 회계 김성일(金聖日)
1922.7.24. 총회	회장 이창수, 부회장 겸 총무 이용칠(李用七), 덕육부장 선재연(宣在連), 지육부장 최정순(崔珵淳), 사교부장 김영필(金永弼), 서기 김성일, 부서기 최영기, 회계 오영식(吳永植), 부회계 오두만(吳斗萬), 평의원 이정권(李正權), 한태선(韓泰善), 정달조(鄭達朝), 김동섭(金東燮)

※ 「勉勵靑年會 定期會」, 『동아일보』 1921.5.11; 「基督勉勵靑年 總會」, 『동아일보』 1922.8.8.

위 〈표〉를 통해 알 수 있듯이 순천기독면려청년회는 회장, 부회장, 총무와 함께 덕육부, 지육부, 체육부(또는 사교부) 등 3부로 구성되었다. 참고로 새문안예배당면려회의 부서는 종교부, 지육부, 체육부, 사교부 등 4부를 두었다.[26] 통상 조직의 중점적인 활동 방향에 따라서 부서를 구성하는데, 순천기독면려청년회는 지(智)·덕(德)·체(體)를 중시하였다고 볼 수가 있다. 지·덕·체 삼육(三育)은 국제기독교 청년회의

---

25) 윤경로, 앞의 책, 237쪽.

26) 윤경로, 앞의 책, 238쪽. 지육부는 토론회와 강연회, 교회 내 예식 절차, 기타 학예에 관한 일을 담당하는 부서였고, 사교부는 친교 외에도 신입회원의 입회를 처리하는 책임이 주어졌다고 한다.

일반적인 구호일 뿐만 아니라 국내에서도 교파를 초월하여 기독청년조
직에서 채용하였으며,[27] 순천기독면려청년회도 당연한 이치로 이를 그
대로 받아들인 것이다.

이 시기 순천지역 기독교세는 나날이 번창하고 있었다. 『기독신보』
가 "전남 순천지방에는 교회가 들어온 지 15, 6 성상에 벌써 설립된 교
회가 60여 처요 앞으로 발전의 여망이 한량없도다"라고 보도할 정도였
다.[28] 교세 확장과 더불어 순천기독면려청년회도 "남조선 일대(一帶)
사계(斯界)의 조종(祖宗)이 될 만한 연력(年歷)으로서 지방사회의 정신
적 중견(中堅)이 됨은 자타공인(自他公認)하는 바"라고 언론의 주목을
받을 만큼 크게 발전하고 있었다. 또한 이 시기에 이르러 순천기독면려
청년회는 조직발전에 걸맞게 회관 건축을 추진하고 있었는데, 이때 성
정수(成禎洙)가 3백 원, 박승봉(朴勝奉)이 4백 원이라는 거액을 부담하
였다.[29]

순천기독면려청년회 조직에서 두드러지는 인물이 바로 1921년 4월
21일 열린 총회에서 회장으로 선출된 김양수이다. 김양수는 1896년 3천
석 이상을 수확하는 대지주의 아들로 태어난 순천지역 유지였다.[30] 그
는 순천지방청년회 총무, 강론부장을 지냈으며, 순천기독면려청년회
회장으로 순천지역 기독청년의 중심인물이었다. 그런데 어떠한 이유에
서인지는 알 수가 없으나 1922년 4월에 중앙읍교회 당회의 결정에 의

---

27) 김민섭, 「1910년대 후반 기독교 담론의 형성과 '기독청년'의 탄생」, 『한국기독교와
    역사』 38, 한국기독교역사학회, 2013.3, 191–192쪽. 1895년 2월 2일, 고종이 조
    칙으로 발표한 교육입국조서는 덕육·체육·지육의 교육 3개 강령을 밝히고 있다.

28) 「슌텬디방의 諸職會 後聞」, 『기독신보』 1922.11.29.

29) 「兩 篤志家의 美擧」, 『동아일보』 1922.4.5.

30) 안종철·최정기·김준·정장우, 『근현대 형성과정의 재인식』 1, 중원문화, 2010,
    242쪽.

해 사직하였다.[31]

다음으로 눈에 띄는 인물이 바로 이창수와 한태선이다. 이창수는 1922년 7월 24일의 총회에서 회장으로 선출되었다. 그는 1886년 순천 출생으로 1922년 1월 순천읍교회 당회에서 집사로 선임되었으나, 1922년 7월 개인적인 일이 많다면서 자진해서 한태선과 함께 집사직에서 물러났다.[32] 그는 또한 순천지방청년회, 순천농민연합회 등에서 청년운동, 노동운동을 전개했다.[33] 한태선은 1898년생으로 연희전문학교를 수료하고 동아일보사 순천지국에서 기자생활을 하면서 1920년대 청년운동을 주도했다.[34] 1918년 12월 27일자 순천읍교회『당회록』에는 한태선의 신학수업 허가를 결정한 기록이 나온다. 또한 1921년 1월 28일 전남노회에서는 그의 신학교 입학이 결정되었다는 신학준시위원(神學準試委員)의 보고가 있었다.[35] 이러한 기록으로 보아 한태선은 1910년 대 말에서 1920년대 초에 신학공부에 뜻을 두었던 인물이었음을 알 수가 있다. 그는 1920년 12월 30일 당회에서 순천읍교회 소아부회장으로 선정되었으며, 1922년 1월에 서리집사가 되었다. 1922년 2월 27일에 전남노회가 열릴 때까지도 한태선은 신학생으로 재적(在籍) 상태였으나 7월에 이르러 집사직에서 물러났다.[36]

---

31) 順天邑敎會·順天中央敎會,『堂會錄』, 1922.4.6, 4.17.

32) 順天邑敎會·順天中央敎會,『堂會錄』, 1922.1.8, 1922.7.1.

33) 강만길·성대경 엮음,『한국사회주의운동 인명사전』, 창작과비평사, 1996, 191쪽; 임송자,「여순사건과 순천지역 좌·우익 세력의 동향」,『역사학연구』73, 호남사학회, 2019.2, 172쪽.

34) 順天市史編纂委員會, 앞의 책, 607쪽.

35) 韓國敎會史學會 編, 앞의 책, 301쪽. 한태선과 함께 신학생으로 입학이 허가된 인물은 배순흥, 한송규, 강대년, 정순모, 양옥 등이었다. 그리고 재적생(在籍生) 남궁혁, 고려위, 김정선, 조상학, 오석주, 강병담, 조의환, 정영호, 곽우영, 최양국 등의 계속수학을 허락하였다. 또한 신학준사(神學準士) 최흥종(崔興琮), 김영식(金英植)을 시취(試取)하여 강도사(講道士)로 인허(認許)하였다.

36) 順天邑敎會·順天中央敎會,『堂會錄』, 1918.12.27, 1920.12.30, 1922.1.8,

최정희는 순천 최초의 신자로[37] 순천읍교회 집사를 거쳐 1921년 6월의 당회 결정으로 장로가 되었으며,[38] 오영식은 지역유지로 1920년에 장로 임직을 받았다.[39] 김성일은 김억평 장로의 아들이었다. 김성일의 부친 김억평은 순천지역 초창기 교인으로 순천선교부 개설을 위한 부지매입에도 기여한 바가 있었다.[40]

최남립은 광주지방청년계 중견인물로, 매산학교가 신설되자 교사로 부임해 왔다. 그는 부임한 지 얼마 지나지 않아 이기풍 목사의 주례로 평양 숭이여학교를 졸업하고 매산학교에서 교편을 잡고 있는 동료 교사 김세라와 결혼식을 올렸다.[41] 김세라의 부친은 순천지역 교계에서 영향력이 컸던 김영진 장로였다. 은이갑도 사립매산학교 교사로 재직했으나 1년도 안되어 사직했다. 그 뒤 일본 유학을 떠났고, 동경신학교에서 재학 중인 1925년 2월에 졸연히 사망했다.[42]

3. 순천기독면려청년회의 활동

순천기독면려청년회가 결성된 지 몇 개월 지나 3·1운동이 일어났다. 이러한 거족적인 운동에 순천지역 기독청년들도 참여했을 것으로 추측된다. 1919년 3월 16일 기독교 계통의 청년 수백 명이 순천읍에서 만세시위를 시도하다 5명이 검속되었다는 기록이 있는데,[43] 이는 순천기

1922.7.11; 韓國敎會史學會 編, 앞의 책, 306쪽.

37) 평신도회 지육부, 앞의 책, 23쪽.

38) 順天邑敎會·順天中央敎會, 『堂會錄』, 1921.6.25.

39) 「全南順天敎會(長老)」, 『기독신보』 1920.5.26.

40) 평신도회 지육부, 『순천중앙교회약사』, 1971, 23-24쪽.

41) 「新郎新婦 華燭 盛典」, 『동아일보』 1921.5.11.

42) 「順天 學生盟休. 교사를 가라달고」, 『동아일보』 1922.3.3; 「地方集會消息」, 『동아일보』 1925.2.11.

43) 順天市史編纂委員會, 앞의 책, 608쪽.

독면려청년회가 중심이 되었을 것으로 보이기 때문이다. 그런데 앞서 언급했듯이 3·1운동의 여파와 일제의 교회 내 집회 금지 조치로 면려청년회 활동은 잠시 위축되었다.

순천기독면려청년회는 1920년대 전반기에 본격적으로 활동에 나선 것으로 보인다. 이 시기 순천읍교회 담임목사로 재직한 인물이 이기풍(李基豊)이다. 그는 1920년 2월 25일 열린 전남노회의 결정에 따라 정태인 목사의 후임으로 순천읍교회에 부임하였다.[44] 이기풍 목사의 재임기에 순천읍교회를 이끌어간 장로는 오영식, 김억평, 김영진이었으며,[45] 1921년 6월에는 최정희가 장로 임직을 받았다.[46]

이기풍 목사의 부임 초기 순천선교부에서 현안이 된 문제는 폐교된 학교를 다시 세우는 일이었다. 순천선교부는 1912년 은성학교(恩成學校)를 세워 교육을 실시했다. 이 학교는 "처음 몇해 동안은 예상외(豫想外)의 성적을 가지고 발전하엿섯다. 그런고로 선교사들 뿐 아니라 일반교회와 밋지 안난 사람들까지라도 이 학교에 대하여 많은 기대를 가지고 잇섯다"[47]고 기록될 정도로 지역민의 기대 속에 운영되고 있었다. 그러나 1915년 총독부는 사립학교법을 개정하여 사학의 자유를 엄

---

44) 韓國敎會史學會 編, 앞의 책, 298-299쪽; 順天邑敎會·順天中央敎會, 『堂會錄』, 1920.3.9; 「全南順天敎會(長老)」, 『기독신보』 1920.5.26. 이기풍 목사는 1865년 1월 평남 평양 출생으로, 1903년 평양신학교에 입학하여 1907년에 졸업하였다. 제주도 전도목사로 파송되었으며, 제주도에서 7년 동안 재직하고 평양으로 돌아왔다. 다시 1918년 광주 북문안교회 목사를 거쳐, 순천읍교회 목사로 청빙되었다. 1920년 3월부터 시무하던 이기풍 목사는 1924년 2월 20일에 열린 순천노회의 결정에 의해 고흥읍교회로 전임되었다. 大韓예수敎長老會 順天老會, 『順天老會史』, 순천문화인쇄사, 1992, 70쪽; 대한예수교장로회 순천노회, 『회의록』 제1집, 1986, 15쪽; 「地方人事 消息」, 『동아일보』 1924.3.16.

45) 김영진은 1916년에, 오영식과 김억평은 1920년에 장로 임직을 받았다. 「全南順天敎會(長老)」, 『기독신보』 1920.5.26.

46) 順天邑敎會·順天中央敎會, 『堂會錄』, 1921.6.25; 韓國敎會史學會 編, 앞의 책, 303쪽.

47) 「順天 梅山學校(一)」, 『기독신보』 1922.6.14.

격히 통제하기 시작하였으며, 1916년 성경수업을 문제 삼아 교육행위 금지명령을 내렸다.[48] 이러한 상황에서 은성학교는 6월에 자진 폐교를 결정하였다.

이기풍 목사는 선교사, 지역교인과 함께 학교 재건을 추진하였다. 그런데 학교 재건에서 고등학교 설립문제를 둘러싸고 갈등이 일어났다. 즉, 학교 재건에 필요한 경비 문제로 선교사 측에서 고등학교 설립에 회의적인 태도를 보인 것이다. 이런 상황에서 이기풍 목사는 장로 오영식, 유지 김양수와 함께 광주선교회에 대표로 파견되어 고등학교 설립을 역설하기에 이르렀다.[49] 결국 이들의 뜻이 관철되어 보통학교와 함께 고등학교 설립이 결정되었다. 재건에 필요한 경비는 조선인교회에서 매년 천 원씩, 그 나머지는 미국선교사회에서 부담하기로 정했다.[50] 이리하여 1921년 4월 초순 보통과 4년, 고등과 4년으로 당국의 인가를 얻었고, 4월 15일 매산학교라는 이름으로 개교식을 거행할 수 있었다.[51] 매산학교는 설립자 겸 교장으로 구례인(John C. Crane) 선교사가, 매산여학교는 백미다(Meta L. Biggar) 선교사가 취임했다.[52] 1922년 6월 현재 생도수는 고등과 33명, 보통과 207명 정도였다.[53]

이기풍 목사는 학교 재건뿐만 아니라 순천기독면려청년회 활동에도 적극적이었다. 그는 하령회를 조직하여 1920년 8월 5일부터 열흘간 여수군 율촌면 해변에서 체육 활동과 더불어 강연을 실시하였다. 이때 강사는 목사 이기풍과 김양수, 함성욱(咸晟昱) 등이었다.[54] 이기풍 목사는

---

48) 大韓예수敎長老會 順天老會(1992), 앞의 책, 43쪽.

49) 「順天高校 復活乎」, 『동아일보』 1920.6.28.

50) 「學校 設立願 提出」, 『동아일보』 1920.8.16.

51) 「耶蘇敎立 學校 開校」, 『동아일보』 1921.5.11.

52) 大韓예수敎長老會 順天老會(1992), 앞의 책, 43~44쪽.

53) 「順天 梅山學校(一)」, 『기독신보』 1922.6.14.

54) 「基督靑年會 夏令會」, 『동아일보』 1920.8.30.

1921년 4월 21일 열린 제4회 정기총회 때까지 직접 회장을 맡아서 조직을 꾸려나간 것으로 보인다. 이러한 사실은 제4회 정기총회에서 "회장 이기풍의 사회로 진행"되었다는 언론기사를 통해서 파악할 수 있다.

순천기독면려청년회의 활동을 구체적으로 살펴보면 다음과 같다. 첫째, 1920년대 전반기 순회강연이나 강습소 개설 등을 통한 전도와 계몽활동에 중점을 두어 조직을 운영했다. 그 대표적인 것이 전도대 구성을 통한 강연회 개최였다. 1921년 8월 대대적으로 전도대를 조직하여 순천 인근의 각 읍을 순회하면서 전도하기로 결정하였는데, 전도대(순회강연단)의 연사와 일정은 아래와 같다.[55]

제1전도대	연사: 김양수, 옥선진(玉璿珍), 은이갑
	순회지, 일정: 광양읍(8월 8일), 신항리(8월 9일), 여수읍(8월 10일, 11일), 죽포(8월 12일), 고흥읍(8월 13일, 14일), 벌교(8월 15일), 보성읍(8월 16일), 낙안(8월 17일)
제2전도대	연사: 한태선, 이창수, 김영필
	순회지, 일정: 대치리(8월 8일), 구례읍(8월 9일, 10일), 곡성읍(8월 11일, 12일), 석곡리(8월 13일, 14일), 광천리(8월 15일), 낙수리(8월 16일, 17일)

순회강연단 제1전도대의 강연 제목은 "신일합일(神人合一)"(김양수), "활소망(活所望)"(은이갑), "기독교의 개념"(옥선진) 등이었다.[56] 제2전도대의 강연 제목을 알 수 없지만 제1전도대와 유사한 내용으로 한태선, 이창수, 김영필이 강연했을 것으로 보인다. 12월 8일 열린 정기총회는 성탄절을 기념하여 교회 내 빈곤한 교우를 구제하기로 결정했으며, 대(隊)를 구성하여 시내 각처에 복음을 대대적으로 선전하기로 하였다.[57]

---

55) 「基督青年 巡廻傳道」, 『동아일보』 1921.8.9.

56) 「基督青年 巡廻講演」, 『동아일보』 1921.8.23.

57) 「順天基督青年 總會」, 『동아일보』 1921.12.21.

이러한 활동 외에도 외부에서 강사를 초빙하여 강연회를 열기도 했다. 1921년 9월 22일 순천기독면려청년회는 매산학교 상층에서 조선기독교 광문사 발기준비위원인 정노식을 초빙하여 김양수의 사회로 강연회를 개최하였다. 이때 정노식이 행한 강연 요지는 "기독청년은 인격을 충실히 하는 3대 요소[체(體), 덕(德), 지(智)]를 배양"해야 하며, "그리스도적 인격을 양성하여 정의와 인도 즉 공익적 인격을 실현"하기 위해 노력해야 한다는 것이었다.[58] 1922년 3월에는 조선기독교청년연합회장 이상재(李商在) 일행이 순회강연을 위해 순천을 방문하였는데, 이때도 순천기독면려청년회는 회장 김양수의 사회로 강연회를 개최하였다.[59] 1923년 8월 29일에는 9년 전에 도미유학한 조정환을 초청하여 미국을 소개하는 내용의 강연회를 열기도 했다.[60]

둘째, 재외동포를 위문하거나 평양지방 수재민을 위한 모금활동을 전개했다. 순천기독면려청년회는 1922년 6월 15일 재외동포 위문단의 순천 방문을 앞두고 이를 환영하는 행사를 준비했다. 6월 7일 임시회장 오영식의 사회로 임시총회를 개최하였으며, 환영위원으로 이기풍, 이용칠(李用七), 선재연, 김영필, 김성일, 주진군(朱進君), 오두만(吳斗萬), 임남두(林南斗)를 선출하였다.[61] 6월 15일 열린 재외동포 위문단 환영 행사는 순천청년회와 순천기독면려청년회에서 공동으로 진행했다. 순천청년회와 순천기독면려청년회가 각각 시간대를 달리하여 환영회를 열었으며, 오후 9시부터는 환등회, 강연회를 실시했다. 이날 행사에서 위문단은 문화발전과 민족정신이라는 문제로 약 1시간 동안 강연

---

58) 「鄭魯湜 氏 講演會」, 『동아일보』 1921.9.28.
59) 「李商在 氏 一行 來順」, 『동아일보』 1922.3.3.
60) 「順天基督勉勵 講演」, 『동아일보』 1923.9.6.
61) 「慰問巡講 歡迎 準備」, 『동아일보』 1922.6.14.

했다.[62]

1923년에는 평양지방 수해로 피해를 입은 동포를 위문하기 위한 활동을 전개했다. 순천기독면려청년회는 순청청년회와 공동으로 수해구제회를 조직하고 일반 유지로부터 동정금을 모금하여 8월 20일 『동아일보』 평양지국에 보냈다.[63]

셋째, 지역적인 현안 문제 해결에도 관심을 갖고 적극 나섰다. 그 대표적인 것으로 1923년 12월 8일 '소작료 4할'에 대한 토론회를 순천기독면려청년회 주최로 개최한 것을 꼽을 수 있다.[64] 또한 순천기독면려청년회는 순천 지역의 12단체와 연합하여 생활의 어려움으로 보통학교에 취학하지 못하는 아동을 위한 강습소 설치에 노력했다. 1924년 2월 21일 순천청년회, 순천기독면려청년회, 순천농민대회연합회, 순천노동대회, 무산자동맹회, 순천노동청년회, 순천연학회 등 12개의 단체가한 자리에 모여 회의를 열고 순천향교 재산으로 강습소를 설치하기로 결정하였다. 이를 위해 한태선, 박승봉, 김기수, 정성기(鄭成基), 정시환(鄭時煥) 등 5인의 위원을 선정하여 순천군 향교장의회(鄕校掌議會)와 교섭하기로 결정하였다.[65] 이날 선정된 교섭위원은 22일 열린 향교장의회에 참석하여 아동교육을 위한 강습소 설치를 강조하면서 협조를 요청했다. 그 결과 향교장의회는 향교는 교육 중심기관이므로 향교재산을 교육비로 충당하는 것은 정당하므로 강습소 설치에 노력하겠다고 약속했다.[66]

---

62) 「在外同胞 慰問會. 中學 設立을 計劃하는 슌텬청년회원의 대활동. 위문사업에도 크게 성원」, 『동아일보』 1922.6.18.

63) 「全南 順天의 平壤 水害 慰問」, 『동아일보』 1923.8.23.

64) 「靑年 其他 集會」, 『동아일보』 1923.12.12.

65) 「十二團體 決意. 順天鄕校에 勸告文」, 『동아일보』 1924.2.27.

66) 「順天掌議會에 十二團體 交涉 顚末」, 『동아일보』 1924.3.2.

넷째, 순천기독면려청년회는 순천지역 인권문제에도 깊은 관심을 갖고 일제경찰의 인권유린 행태에 저항하여 여러 청년단체와 행동을 같이 했다. 1924년 3월 18일 순천경찰서 사법계원 무라카미 켄키치(村上健吉)가 이창수를 구타하였다. 또한 사법계 주임 경부 안형식(安瀅植)이 황전면 농민대회장 박중임(朴重臨)을 취조하면서 목봉(木棒)으로 여러 차례 구타하였으며, 순사 김전수(金銓洙)는 절도혐의로 노동대회원 김재봉(金在奉) 외 5인을 연행하여 고문을 가하였다. 일제경찰의 구타와 고문 사실이 알려지고 노동대회원의 절도혐의도 무고로 밝혀지면서 순천지역 사회운동계의 분노는 극에 달하였다. 이러한 상황에서 3월 24일 순천기독면려청년회를 위시한 순천청년회, 순천농민대회연합회, 순천노동대회, 순천노동청년회, 순천연학회 등 10여 개 단체가 모여 임시대회를 열고 성토대회를 열었다. 그리고 이미 경찰에 의해 자행된 인권유린 사건과 아직 드러나지 않은 사건을 철저히 조사하기 위한 목적에서 12개 단체에서 대표 1인을 각각 선출하였다. 또한 이러한 사건이 발생된다면 즉시 12개 단체가 대회를 소집하여 대응하자는 결의도 다졌다. 이밖에 김학모(金學模)의 장자 김종익(金鍾翊)이 "순천사람은 청년회원을 제한 외에는 다 개나 도야지"라는 모욕적 언사를 하였다는 청년회원의 보고를 받고 3월 27일 시민대회에서 처리하기로 결정했다.[67] 이튿날인 25일, 순천지역 12개 단체는 다시 회의를 개최하여 3월 27일의 시민대회 석상에서 고문과 구타행위를 사과하라는 내용의 통고문을 안형식, 무라카미 켄키치, 김전수 앞으로 보냈다.[68]

---

67) 「順天 十一團體 警察 聲討大會. 인권유린의 실례를 들어 경찰서 성토대회를 개최」, 『동아일보』 1924.3.30.

68) 「謝罪要求의 통고문을 보냈다」, 『동아일보』 1924.3.30; 「民衆의 反抗. 조선경찰의 싸히고 싸힌 죄악」, 『동아일보』 1924.3.31.

III. 순천기독면려청년회와 순천청년회 세력의 인적 관계

1920년 7월 11일 서병규(徐丙奎), 이충호(李忠鎬)의 발기로 순천공립보통학교에서 순천청년회 창립총회를 개최하였다. 이영민(李榮珉)의 취지설명과 성정수의 소감사, 김양수의 규칙초안 낭독이 있었고, 이어서 임원을 선출하였다. 7월 31일 발회식을 거행하고 연극을 공연하였는데, 이때 모금된 의연금이 4,600여 원에 이를 정도로 성황을 이루었다.[69] 이렇게 출발한 순천지방청년회는 순천기독면려청년회와 함께 1920년대 전반기 순천지역의 청년운동을 주도하였는데, 그 임원진은 아래와 같다.

1920.7.11. 창립총회	회장 이길홍(李吉洪), 부회장 서병규, 총무 김양수, 의사부장 이영민, 강론부장 김양수, 교육부장 김병욱(金秉旭), 사찰부장 김영숙(金永淑), 실업부장 김성초(金成初), 체육부장 김봉전(金奉銓)
1921.4.1. 정기총회	회장 이길홍, 부회장 서병규, 총무 김양수, 강론부장 박영진(朴永震), 교육부장 정원택(鄭源澤), 운동부장 김봉전, 사찰부장 이충호, 실업부장 이태규(李泰奎), 의사부장 이영민
1922.4 정기총회	회장 서병규, 부회장 이충호, 총무 박한욱(朴漢郁), 의사부장 김병옥(金丙玉), 교육부장 이정호(李貞鎬), 강론부장 이창수, 실업부장 이태규, 사찰부장 김재항(金在恒), 회계서기 겸무 정시환
1923.6.2. 임시총회	회장 서병규, 부회장 김형남(金炯南), 총무 박승봉, 교육부장 문장백(文章伯), 사찰부장 최재욱(崔在郁), 강론부장 정달조(鄭達朝), 운동부장 우기환(禹沂桓), 서기 정시환, 회계 김용희(金鏞熙), 의사부장 이정호, 의사부원 서정구(徐廷球)·박한욱·이창수·김용석(金容錫)·윤선중(尹善重)

※「順天地方靑年會」, 『동아일보』 1920.9.1;「順天靑年會 定期會」, 『동아일보』 1921.4.22;「順天靑年會 定期會」, 『동아일보』 1922.5.2.

순천청년회를 이끌어간 인물은 주로 유지층과 청년지식인층으로 구성되었다. 확인 가능한 인물을 중심으로 살펴보면, 유지층은 순천지역

---

69)「順天地方靑年會」, 『동아일보』 1920.9.1.

에서 대지주, 자산가로 행세했다. 청년지식인층은 유지급 청년, 기독청년도 포함되며, 김양수나 박승봉의 경우처럼 유지급 청년이면서 기독청년인 경우도 존재하였다.

대지주나 자산가로 이루어진 유지층은 이길홍, 서병규, 김성초, 이태규 등이며, 주로 1920, 21년의 초기 조직에서 활동하였다. 이들은 대체로 순천청년회를 기반으로 물산장려운동, 민립대학설립운동을 전개하다가 이러한 운동이 퇴조기에 접어들자 청년운동에서 이탈해 간 것으로 보인다. 이길홍은 초대회장으로 선출되어 초기 순천청년회 조직을 이끌어 갔으며, 서병규와 함께 민립대학 발기인으로 참여하였다.[70] 1923년 2월 11일 순천농민연합회가 결성되었는데, 이때에도 발기인으로 참여하였으며,[71] 1923년 2월 28일 남선농민연맹의 조사부 위원으로 선출되어 활동했다.[72] 1923년 5월 30일 순천노동대회가 결성되었는데, 이때 회장으로 선출되었다.[73]

순천청년회 창립 당시 부회장이었던 서병규는 1922년 4월 회장으로 선출되어 순천청년회를 이끌어갔다. 순천청년회는 민립대학설립운동, 물산장려운동을 주도하였기 때문에 회장으로서 그의 역할은 컸다고 볼 수 있다.[74] 그는 상사면, 해룡면 등에 많은 토지를 소유한 대지주였으며, 1924년 민선 전라남도 평의원으로 선출되어 활동했다.[75] 김성초는 순천청년회 창립 당시 실업부장이었고, 그 뒤를 이어 이태규가 1921년 4월과 1922년 4월의 총회에서 실업부장으로 임명되었다. 두 사람은

---

70) 「民大 發起人, 새로히 네 곳에서」, 『동아일보』 1923.1.30.

71) 「順天農民聯合會」, 『동아일보』 1923.2.26.

72) 「四郡農民聯盟」, 『동아일보』 1923.3.10.

73) 「順天勞働大會」, 『동아일보』 1923.6.4.

74) 서병규는 민립대학기성회 순천지방부 부위원장으로 활동했다.

75) 「道評議員 續報」, 『동아일보』 1924.4.4; 順天市史編纂委員會, 『順天市史: 정치·사회편』, 1997, 606쪽.

순천지역 유지로서 순천청년회 창립 초기에 활동했지만, 이후 뚜렷한 행적은 보이지 않는다.

위 조직표에서 주목할 인물은 김양수, 이창수, 박영진, 박승봉이며, 조직표에 나와 있지 않으나 순천청년회에서 활동한 한태선도 시야에 담을 필요가 있다. 인적구성이나 조직 내 역할을 고려해 볼 때, 순천청년회에 대한 순천읍교회와 순천기독면려청년회의 영향력이 적지 않았다는 점을 확인할 수 있기 때문이다. 거론된 인물 중에서 김양수, 이창수, 박영진, 박승봉은 모두 순천읍교회 교인이었으며, 특히 김양수와 이창수는 순천기독면려청년회를 이끈 주요 인물이다. 박영진, 박승봉은 순천기독면려청년회에 임원으로 참여하지 않았더라도 순천읍교회 소속 교인으로서 순천청년회 활동을 전개하였다.

순천청년회 창립 때부터 총무로 임명되어 순천청년회를 실질적으로 이끌었던 김양수는 1921년 4월의 총회에서 순천기독면려청년회 회장으로 선출되었다. 1921년 4월부터 1922년 4월까지 그는 순천청년회 총무와 순천기독면려청년회 회장을 겸직하였다. 이런 그가 앞서 언급했듯이 1922년 4월 중앙읍교회 당회의 결정에 의해 사직하면서 공식적인 직책을 맡지 않았다.[76]

이창수는 1921년 4월 총회에서 순천기독면려청년회 총무로 선출되었으며, 1922년 7월 총회에서 회장으로 임명되었다. 1922년 4월에는 순천청년회 강론부장이 되었다. 따라서 1922년 7월부터 1923년 6월 2일 순천청년회 임시총회에서 의사부원으로 선출되기까지는 순천기독면려청년회 회장과 순천청년회 강론부장을 겸임하였다. 그가 1922년 7월에 순천읍교회 집사직을 내려놓은 것은 두 조직에서의 활동이 과중했기 때문으로 볼 수 있지만 한편으로는 이후 행적을 고려해 볼 때 종교

---

76) 1920년대 중반 이후 김양수의 행적에 대해서는 임송자, 「제헌의원 황두연의 생애와 순천지역 활동」, 『남도문화연구』 35, 2018.12 참조.

조직에서 벗어나 독자적으로 청년운동을 전개하려는 그의 포부에서 나온 것으로 파악할 수도 있을 것이다.

박영진은 1921년 4월 순천청년회 강론부장으로 임명되어 활동한 인물이다. 이후 1923년 일본대학 전문부 사회과에 입학하여 1925년 3월에 졸업했다.[77] 1925년 1월 26일의 순천읍교회『당회록』에는 "박영진(朴永震) 씨의 일본에서 세례받은 이명(移名)을 교회 측에 광고하기로 가결"하였다는 기록이 나온다.[78] 이러한 기록으로 보아 그는 순천읍교회와 관계를 맺은 인물이라 할 수 있다.

순천기독면려청년회에서 평의원을 지낸 한태선은 순천청년회 초기 조직에서 임원은 아니었지만 순천청년회에서 활동하였다. 그는 1922년 7월 15일 순천지방청년회에서 '사람이여'라는 제목으로 강연했으며,[79] 11월 29~30일 양일간 조선청년회연합회가 주최하는 강연회에 순천청년회 대표로 참가하였다.[80]

이창수, 박영진, 한태선은 지식청년으로서 순천청년회를 이론적으로 이끈 인물이라 할 수 있는데, 1924년 7월 18일 순천청년회 주최로 열린 웅변대회에서 세 사람이 나란히 참여하여 '농촌으로 가거라'(이창수), '사회문제와 사적고찰에 대하야'(박영진), '동요에 대하야'(한태선)라는 제목으로 연설하였다.[81]

박승봉은 황전면 등지에 토지를 소유한 대지주였으며,[82] 1923년 6월 2일 열린 순천청년회 임시총회에서 총무로 임명되었다.『당회록』1918년

---

77) 順天市史編纂委員會, 앞의 책, 607쪽.

78) 順天邑教會·順天中央教會,『堂會錄』, 1925.1.26.

79)「順天靑年會 講演會」,『동아일보』1922.7.22.

80)「靑年聯合 講演. 금야부터 시작」,『동아일보』1922.11.29.

81)「靑年 其他 集會」,『동아일보』1924.7.25.

82) 順天市史編纂委員會, 앞의 책, 606쪽.

8월 24일자, 1919년 5월 1일자의 기록으로 보아 그는 일찍부터 순천읍 교회 소속 교인이었지만 교인으로 충실했던 인물은 아니었던 것 같다. 앞서 언급했듯이 1922년 4월에 순천기독면려청년회 회관 건축을 위해 400원이라는 거액을 부담하기도 했지만, 순천읍교회 내에서 갈등을 일으키기도 했다. 그는 교회 내에서 오예택 장로를 구타하여 문제를 일으켰는데, 이로 인해 1923년 7월 14일 당회에서 책벌이 논의되었다. 또한 그는 예배당 내에서 청년회 주최의 강연회를 열겠다고 요구한 것에 대해 당회에서 불허한 것으로 오해하고 이기풍 목사에게 불경한 태도를 보였다고 한다. 이 때문에 12월 31일 당회는 박승봉의 행위를 어떻게 처리할지 논의하기도 했다.[83]

이상에서 보는 바와 같이 순천기독면려청년회와 순천청년회는 긴밀한 관계에 있었다. 인적구성이나 연합 활동 등에서 드러나듯이 두 조직은 관계를 두텁게 유지하면서 지역사회운동을 전개해 나간 것이다. 그렇지만 이러한 관계는 1920년대 중반기 이후 변화했다. 1922년 말 지역사회운동에 새로운 경향이 대두되어 지주의 수탈에 저항하는 소작농민들의 운동이 활발해지고 1923년 2월 순천군농민대회연합회와 남선농민연맹이, 5월 노동단체인 순천노동대회가, 1924년 1월 순천무산자동맹회가 결성되면서[84] 순천기독면려청년회는 지역사회운동의 중심적인 조직체라는 자리를 내어주게 된다.

반면 순천청년회는 1923년을 전후한 시기 사회주의사상을 수용하면서 조직노선을 변화시켜 나갔으며, 1925년 9월 동부지역 청년단체의 연합기관인 동부청년연맹을 출범시켜 조직활동의 영역을 확장해 나갔다. 동부청년연맹 결성대회에서 결의된 사항 중의 하나는 "현재의 각

---

83) 順天邑敎會·順天中央敎會, 『堂會錄』, 1918.8.24, 1919.5.1, 1923.7.14, 1923.12.31.

84) 順天市史編纂委員會, 앞의 책, 616-617쪽.

종교는 사회의 권외(圈外)로 구축"하자는 것이었다.[85] 이로써 기독교
청년단체와 일반 청년단체의 관계는 더 이상 유지될 수가 없었다.

순천청년회와 순천기독면려청년회를 기반으로 성장한 김양수, 이창
수, 박영진, 한태선 등은 1923년 이후 결성된 사상단체나 노동자, 농민
조직에 가담하여 지역사회운동을 주도해 나갔다. 순천기독면려청년회
임원으로 참여하지 않았지만 순천청년회에 의사부장을 지낸 바 있던
이영민이나 농민운동을 통해 성장한 박병두, 김기수도 지역사회운동의
중심적인 인물로 활약했다.

Ⅳ. 맺음말

순천지역 청년운동은 순천기독면려청년회 결성에서 시작되었다. 순
천기독면려청년회는 순천읍교회가 성장을 거듭하는 과정에서 복음전
파와 더불어 지역사회를 이끌어나갈 '청년'세력에 주목하면서 1918년
10월 15일 결성된 청년조직이다. 장로교 계통의 면려청년회는 1913년
경 새문안교회에서 가장 먼저 조직된 것으로 추정하고 있으며, 1921년
에 안동장로교회에서 처음으로 조직되었다는 주장이 제기되고 있는데,
경북 안동지역보다 전남 순천지역에서 먼저 결성되었다.

결성 초기 순천기독면려청년회는 명맥만을 유지하다가 1920년대 초
에 이르러 조직을 일신하고 활동을 구체적으로 전개해 나갔다. 1921년
4월 김양수가, 1922년 7월 이창수가 회장으로 선출되어 활동을 주도하
였다. 1920년대 전반기 순천기독면려청년회는 순회강연이나 강습소
개설 등을 통한 전도와 계몽활동에 중점을 두어 조직을 운영하였다. 이
시기 순천읍교회 담임목사로 재직한 인물이 이기풍인데, 그는 순천기

---

85) 順天市史編纂委員會, 앞의 책, 627-630쪽.

독면려청년회 활동에도 적극적이었다.

순천기독면려청년회와 더불어 순천지역 청년운동을 이끌어간 조직은 순천청년회였다. 그런데 순천지역 청년운동의 주요인물 중에는 순천청년회와 순천기독면려청년회라는 두 개의 조직에 가담하여 활동했다는 점에 주목할 필요가 있다. 대표적으로 김양수, 이창수, 박영진, 박승봉, 한태선 등을 들 수 있다. 김양수, 이창수, 박영진, 박승봉은 모두 순천읍교회 교인이었으며, 특히 김양수와 이창수는 순천기독면려청년회를 이끈 주요 인물이다. 박영진, 박승봉은 순천기독면려청년회에 임원으로 참여하지 않았더라도 순천읍교회 소속 교인으로서 순천청년회 활동을 전개하였다. 한태선은 순천청년회 초기 조직에서 임원은 아니었지만 실질적으로 순천청년회에서 적극적으로 활동한 인물이었는데, 그 또한 순천읍교회 소속 교인이었다.

인적구성으로 보나 활동상으로 보나 1920년대 전반기 순천청년회와 순천기독면려청년회는 서로 관계를 두텁게 유지하면서 지역사회운동을 전개해 나갔다고 볼 수 있다. 그러나 이러한 관계는 1923년을 전후한 시기에 무너지기 시작하였다. 순천청년회가 사회주의사상을 수용하면서 조직노선을 변화시켜 나간 것이 관계 재정립의 계기가 되었다. 또한 1925년 9월 동부청년연맹 결성대회에서 "현재의 각 종교는 사회의 권외(圈外)로 구축"하자는 결의를 내세우게 되면서 기독교 청년단체와 일반 청년단체의 관계는 더 이상 유지될 수가 없었다.

1920년대 순천지역에서 청년운동을 전개한 세력은 해방 이후 좌우대립의 상황 속에서 각기 양대 진영의 중심인물로 부상했다. 우익진영에 가담한 인물은 김양수, 박영진, 한태선 등이었다. 조선어학회 사건으로 투옥경력이 있던 김양수는 건국준비위원회 순천지부 위원장, 한민당 순천지부 위원장으로서 순천지역 우익진영의 거두였다. 1930년대 사회운동을 전개한 경력을 지닌 박영진은 전향하여 우익진영에서 활동했는데, 그는 건국준비위원회 순천지부 총무, 한민당 순천지부 총무였다. 한태선도 우익진영에 가담하여 건준 결성을 위한 조직책으로 활동했다.

한편 이창수는 조선공산당에 입당하여 활동하다가 1931년 1월 여수지역으로 활동기반을 옮겨갔다. 그는 해방 후 8월 20일에 결성된 여수 건국준비위원회 노동부장이었으며, 여순사건 후 여수 중앙동 로타리에서 열린 인민대회에서 좌익계 대표 중 한 사람으로 전면에 나선 인물이다.[86] 순천기독면려청년회 임원으로 참여하지 않았지만 순천청년회에서 활동하였으며, 이창수와 함께 일제시기 사회주의운동가로서 순천에서 이름을 날린 이영민이나 김기수는 순천인민위원회에 참여했다.

---

86) 여수시사편찬위원회, 『여수시사』 제1권, 2010, 364쪽, 377쪽.

〈참고문헌〉

『기독신보』, 『동아일보』.
順天邑敎會·順天中央敎會, 『堂會錄』.

강만길·성대경 엮음, 『한국사회주의운동 인명사전』, 창작과비평사, 1996.
金南植, 『韓國基督敎勉勵運動史』, 聖光文化社, 1979.
김민섭, 「1910년대 후반 기독교 담론의 형성과 '기독청년'의 탄생」, 『한국기독
　　　교와 역사』 38, 한국기독교역사학회, 2013.3.
大韓예수敎長老會 順天老會, 『順天老會史』, 순천문화인쇄사, 1992.
대한예수교장로회 순천노회, 『회의록』 제1집, 1986.
박철하, 『청년운동』, 독립기념관 한국독립운동사연구소, 2009.
順天市史編纂委員會, 『順天市史: 정치·사회편』, 1997.
안기창, 『미국 남장로교 선교 100년사(순천지방을 중심으로)』, 진흥, 2010.
안종철·최정기·김준·정장우, 『근현대 형성과정의 재인식』 1, 중원문화, 2010.
여수시사편찬위원회, 『여수시사』 제1권, 2010.
윤경로, 『새문안교회 100년사(1887~1987)』, 대한예수교장로회 새문안교회 역
　　　사편찬위원회, 1995.
이기훈, 『청년아 청년아 우리 청년아』, 돌베개, 2014.
임송자, 「제헌의원 황두연의 생애와 순천지역 활동」, 『남도문화연구』 35,
　　　2018.12.
임송자, 「여순사건과 순천지역 좌·우익 세력의 동향」, 『역사학연구』 73, 호남
　　　사학회, 2019.2.
車載明, 『朝鮮예수敎長老會史記』, 新門內敎會堂, 1928.
차종순, 「순천중앙교회의 태동과 발전」, 『인문학술』 창간호, 순천대 인문학술
　　　원, 2018.11.
평신도회 지육부, 『순천중앙교회약사』, 1971.
韓國敎會史學會 編, 『朝鮮예수敎長老會史記』 下卷, 연세대학교출판부, 1968.
한규무, 『일제하 한국기독교 농촌운동』, 한국기독교역사연구소, 1997.

순천YMCA의 창립·재건과 발전[*]

한규무

Ⅰ. 머리말

이 글의 목적은 전남 동부지역의 기독교 기관인 순천기독교청년회 (YMCA)의 창립과 재건, 그리고 지역사회에서 수행한 역할에 대해 밝혀보려는 것이다. 1903년 황성기독교청년회 창립 이래 YMCA는 그것이 설립된 지역의 청년운동[1]·시민운동·사회운동의 구심점 역할을 수행했으며 순천YMCA 역시 예외가 아니었다. 따라서 해방 직후 창립된 순천YMCA 역사를 살펴본다는 것은 이 지역 청년운동·시민운동·사회

---

* 남도문화연구소에서 발간하는 학술지 『남도문화연구』 37(2019.8)에 실린 논문인 「순천YMCA의 창립·재건과 발전」을 수정·보완한 글이다.
1) '청년운동'의 사전적 의미는 "청년들이 중심이 되어 조직적으로 전개해 나가는 사회변혁운동(한국학중앙연구원, 『한국민족문화대백과사전』, http://encykorea.aks. ac.kr)"이라 한다. 문제는 '청년'의 개념이다. '청년회'라 하지만 특별한 연령 제한이 있었던 것은 아니다. 예컨대 한국 최초의 '청년회'라 알려진 엡윗청년회 역시 연령 제한이 없었다. "청년이라 홈은 로인이 아죠 샹관업는 거시 아니라 ᄋ히가 자라매 청년이 되고 청년이 늙으매 로인이 되ᄂᆞ니 오늘날 빅발옹은 곳 네젼 청년회의 소년이라 엇지 로쇼에 분멸이 잇스리오(『죠션크리스도인회보』 1897.10.27. 「토론회」)."

운동의 발전 과정을 알아본다는 것과 다르지 않다.

한국에서 '청년'이란 명칭이 붙은 단체의 효시는 1897년 상동교회(감리교)에 조직된 엡윗청년회(懿法靑年會, Epworth League)이며, 이후 감리교회에 이 청년회가 조직되었다. 1913년 새문안교회(장로교)에 기독청년면려회(基督靑年勉勵會, Society of Christian Endeavor)가 조직되었고, 이후 장로교회에 이 청년회가 조직되었다. 그리고 초교파 단체인 황성기독교청년회(皇城基督敎靑年會, YMCA)가 1903년 창립되면서 전국으로 확산되었다. 요컨대 해방 이전 기독교 청년회는 장로교측의 기독청년면려회, 감리교측의 엡윗청년회, 그리고 초교파적인 YMCA로 대별된다.

청년면려회와 엡윗청년회가 신앙활동 중심의 청년회였다면 YMCA는 상대적으로 기독교적 색채가 엷으면서 계몽활동 및 사회활동의 비중이 큰 청년회였다. 일제강점기인 1920년 '일반청년회'는 251개, '종교청년회'는 98개였으며, 1922년 각각 488개, 271개로 급증했다.[2] 이처럼 해방 이전 청년회에서는 종교계 청년회의 비중이 컸으며, 기독교측이 천도교 측을 압도했다.

순천YMCA는 해방 직후 창립되었으며, 그 역사가 이미 정리된 바 있다.[3] 하지만 그것이 정확히 언제 창립되었는지, 초대회장은 누구였는지 명확하지 않다. 현재로서는 ① 1945년 창립되었으며 초대회장은 김정기(金正基)라는 설,[4] ② 1945년 10월 3일 창립되었으며 초대회장은

2) 이기훈, 「1920년대 전남지방의 청년단체와 청년운동」, 『역사문제연구』 26, 역사문제연구소, 2011, 171쪽.

3) 순천YMCA 역사편찬위원회, 『순천YMCA68년사: 1945~2013』, 순천YMCA, 2013.

4) 순천YMCA 역사편찬위원회, 『순천YMCA68년사』, 152쪽.

김종하(金鍾廈)라는 설,[5] ③ 1946년 창립되었다는 설[6] 등으로 나뉜다.

그러다 보니 먼저 그 창립에 대해 검토하지 않을 수 없었고 그 내용이 본문의 절반 정도를 차지하게 되었으며, 상대적으로 재건과 지역사회에서의 활동 부분이 소략해졌다. 더욱이 순천YMCA 관련 자료[7]를 제대로 섭렵·분석하지도 못한 점도 이 글의 한계이나, 향후 순천지역 청년운동·시민운동·사회운동에 대한 연구, 특히 순천YMCA의 역사가 다시 정리될 때 약간이라도 보탬이 되기를 기대한다.

II. 순천YMCA의 창립

1. 해방정국과 순천지역 기독청년단체

순천YMCA가 언제 창립되었으며 초대회장이 누구였는지는 확언하기 어렵다. 자료가 충분치 못한 데다 일치하지도 않기 때문이다. 해방 이후 순천에서 가장 먼저 조직된 기독교 청년회는 아마도 순천기독청년면려회였을 것이다. 이미 해방 이전부터 조직되어 있던 단체였으니 '재건' 역시 수월했을 것이기 때문이다. 황두연의 다음과 같은 회고가 참고된다.

> Ⓐ 46년 초여름 이박사께서 미군들의 엄호하에 유세차 순천에 오셨다. 당시 기독청년회장, 대한독립촉성국민회 순천지부장으

---

5) 대한YMCA연맹 엮음, 『한국YMCA운동사: 1895~1985』, 路출판, 1986, 479쪽.

6) 대한YMCA연맹 엮음, 『한국YMCA운동사: 1895~1985』, 165쪽.

7) 『순천YMCA68년사』의 초기 부분에 대한 내용에는 근거가 제시되어 있지 않으나 그 어떤 자료를 참고하여 집필했을 것이다. 이른바 '사초(史草)'를 확인하지 못한 점은 이 논문의 한계이다.

로 있던 나는 이박사님께「주일 오후 2시에 환영예배를 드리겠다」고 청했다. 이에 박사님은 기뻐 허락하셨다. 시간도 되기 전에 교인은 물론 비신자들도 환영예배 장소인 순천중앙교회로 몰려와 인산인해를 이루었다.[8]

이승만 박사 지방 유세시 순천 C.E가 주최한 환영예배 광경(1946년 6월)

이에 따르면 1946년 6월 이전 순천에 '기독청년회'가 조직되어 있었으며, 그것은 '순천C.E.', 즉 순천기독청년면려회였고 회장은 황두연[9]이었다는 것이다.

순천기독청년면려회는 1918년 결성되었으며,[10] 1930년대 후반 황두연은 순천 안력산병원에서 직원으로 근무하며 조선예수교장로회 순천노회 청년면려회 연합회장, 순천중앙교회 청년면려회장을 역임하다 이른바 '원탁회사건'으로 4년간 옥고를 치르고 1944년 출소한 경력이 있었다.[11] 따라서 해방 직후 그가 순천기독청년면려회 회장을 맡았다 해

---

8) 황두연,『자기 십자가를 지고 따르자』, 소망사, 1978, 248쪽

9) 황두연에 대해서는 임송자,「제헌의원 황두연의 생애와 순천지역 활동」,『남도문화연구』35, 순천대학교 남도문화연구소, 2018 참조.

10)「현저히 발달된 찬연한 지방문화⑧」,『동아일보』1929.1.9에는 "순천기독청년회"가 "대정14년(주: 1925) 11월 15일 설립"되었다고 나온다.

11) 임송자,「제헌의원 황두연의 생애와 순천지역 활동」, 46-49쪽.

도 이상할 것은 없다. 하지만 순천기독청년면려회와 순천YMCA가 어떤 관계였는지는 파악되지 않는다.

그런데 황두연의 신상 내역을 보면,[12] 언제인지는 모르나 그가 '順天基青聯合會 會長'이었던 것으로 나온다. 이 직책이 '순천기독청년면려회 회장'과 같은 것인지는 판단하기 어렵다.

구분	내용
생년	(2) 1905.02.15. (5) 1905.00.00
연령	(1) 45세(1949년 현재) (3) 55세(1960년 현재)
출신지	(1) 전남 순천 (2) 전남 (3) 전남 순천 幸洞
현주소	(1) 전남 순천군 순천읍 幸町 180 (2) 서울 용산구 청파동 1가 (5) 서울 성동구 성수동 2가 236-95
현직업	(1) 국회의원 (2) 행정관료 (3) 행정관료 (4) 국회의원, 목사
학력	(1) 日本大學 法科 專門部 3년 중퇴 (2) 日本大學 法科 졸업, 日本聖經學校 졸업 (3) 전북 전주 신흥중학교 졸업, 日本大學 法學科 중퇴 (4) 日本大學 專門部 法科 중퇴 (5) 日本法學專門學校 중퇴
경력/활동	(1) 永泉學校 敎員, 順天安力山病院 庶務課長, 順天邑 副邑長 等 歷任, 現在 順天中央敎會 長老, 順天基靑聯合會 會長, 大韓農總 順天郡聯盟 委員, 獨促國民會 順天郡 農勞部長, 大韓民國 國會議員 (2) 制憲國會 議員 역임, 淑大 이사, 大韓農民總聯盟 부위원장 역임, 1954년 11월 30일 현재 監察委員으로 재직 중

---

12) 국사편찬위원회 한국데이터베이스 홈페이지(http://db.history.go.kr) 「한국근현대 인물자료」.

구분	내용
경력/활동	(3) 해방 전 中央神學校에서 연구, 전라남도 高興의 永泉學校 교장, 전라남도 순천의 美信會病院 서무과장 역임, 圓卓會(일제하 神社參拜反對主義者 團體) 주모자로 4년간 투옥, 해방후 順天建國準備委員會 감찰위원, 國民會 順天支部 지부장, 전라남도 순천시 부시장
	(4) 永泉學校 校長 역임, 神社不參拜主義인 圓卓會議를 지도하다가 3년 복역, 해방후 전라남도 順天副邑長 역임, 順天中央敎會 長老로 활동, 大韓獨立促成國民會 順天支部 委員長을 역임하며 政界에 진출, 制憲議員(지역구 전라남도 順天甲, 소속정당 大韓獨立促成國民會) 당선, 國會産業委員會 所屬으로 있으면서 糧穀買入用叺 및 包裝品代別途支拂에 관한 建議案을 제출하여 통과시킴, 1967년 현재 牧師生活 중
	(5) 전라남도 순천부읍장 역임, 永泉학교 교장 역임, 대한독립촉성국민회 순천지부 지부장 역임, 대한독립촉성농민총연맹 중앙감찰위원 역임, 제헌국회의원(선거구 전라남도 순천갑, 소속정당 대한독립촉성농민총연맹)
종교	(4) 기독교
인물평	(5) 독실한 크리스챤
(1) 대한민국인사록 (2) 대한연감(4288년판) (3) 대한민국행정간부전모 (4) (사진으로 본)국회20년 부록: 역대국회의원약력 (5) 역대국회의원총람	

한편 해방공간인 미군정기(1945~1948)에 간행된 신문에서는 '순천 YMCA'는 물론 '순천기독청년면려회'도 검색되지 않는다. '순천+기독+청년'의 경우 1947년 6~7월 2건이 검색된다.

> ⑧ 美蘇共同委員會의 協議團體로 參加된 數字는 놀랄 만큼 420餘個인데 其8·9割은 所爲 見聞이 넓은 新聞記者로서도 보지 못한 團體名士들이다. … 5. 同業單位의 組織體도 많다. 例를 들면 順天基督敎靑年會, 南大門市場人聯合會 등 수십 개이다.[13]

---

13) 「共委參加 幽靈團體, 雜同散異로 混雜莫甚!!」, 『부녀일보』 1947.6.28. '여수기독청년회'에 대한 기사는 다음과 같다. "남조선에 이렇게 많은 단체들이 있을 줄은 누

ⓒ 金融組合聯合會·水利組合聯合會·敵産管理人會·農會等은 官
制團體가 臨協傘下에 集結되게 될 것은 政治謀利를 妄想하는
大同小異한 經路가 있다. 韓民·韓獨黨의 臨協傘下에 急作幽靈
172團體는 大體 이러한 經路를 밟은 것이라 한다. 順天基靑聯
合會·建國婦人會·大法社 等이라 한다.[14)]

위의 '순천기독교청년회(ⓑ)'와 '순천기청연합회(ⓒ)'가 같은 단체인
것 같다. 전자의 경우 '동업단위의 조직체'라 한 것은 후자의 '연합회'와
같은 의미로 여겨지며, 기사가 실린 시기가 비슷하기 때문이다. 그렇다
면 앞서 황두연이 회장을 맡았던 '순천기청연합회'와 이들 단체가 같은
것이었을까.

위의 기사들을 보면 이들 청년회는 '미소공동위원회의 협의단체' 또
는 '한민·한독당의 임협 산하 … 급작유령 172단체'의 일원으로서 정치
적 성격이 짙다. 신앙조직인 '순천기독청년면려회'로는 여겨지지 않는
이유이다. 그렇다면 이들 청년회가 '순천YMCA'였을까. 만약 그랬다면
황두연이 순천YMCA의 초대회장이었어야 하는데 연결시킬 만한 단서
가 없다. 현재로서는 오리무중이다. 분명한 점은, 1948년 이전에 순천
YMCA가 창립되었다는 사실이다.

ⓓ … 1948년 말까지 기존의 4 청년회(서울·대구·광주·부산) 외
에 김천(재건)·해남·거제·마산·순천·여수(이상 1946), 대전·

구도 몰랐을 것이다. 이중에는 不意에 쏘다저 나온 것이 많은 것은 지금 세상에서
물△이 자자한 바이다. 이들 단체에 기록된 인원은 전부 七千몇百萬이라니 놀라
운 일이 아닌가. … 一. 기독교 관계(9) ▶ 慶北基督敎協會 ▶ 大○基督敎靑年會
▶ 貞洞敎會婦人會 ▶ 基督敎同友會 ▶ 聖政會 ▶ 朝鮮基督敎同友會 ▶ 基督敎新
民會 ▶ 朝鮮시노미△會 ▶ 麗水基督靑年會(「이게 민주정당단체냐(하)」, 『朝鮮中
央日報』1947.7.13)."

14) 「共委參加에 바뻐서 廉恥不顧한 단체들」, 『조선중앙일보』1947.7.16.

진주(이상 1947), 청주·인천·경주·목포(이상 1948) 등 12개 지역에 YMCA가 창설되기에 이르렀고 그 외에 수개 처에서 창설의 움직임이 나타났다. 조선기독교청년회연합회의 새 기관지 『基督敎靑年』(1948, 10호)은 소식란에서 이 때의 상황을 아래와 같이 전하고 있다. "해방 후 (YMCA) 연합회가 부활하자 지방 YMCA조직이 해소상태 중에 있던 바 동 부의 활동으로 현재 인천을 위시하여 이남 중요도시에 긍하여 13, 4개 처에 지방YMCA가 설립된 바 목하 각 주요지방에서 설립원이 환지 중이다."[15]

1948년 당시 순천YMCA가 조직되어 있었던 점은 의심의 여지가 없다. 그런데 왜 해방 이후 지역 YMCA가 급증했을까. 다음은 기록들을 살펴보자.

ⓔ (가) 청년회 회관확보 - 신설 청년회들은 한결같이 적산가옥을 회관건물로 물색하였다. 적산가옥의 입수과정은 먼저 적산 관계처와 임대차계약을 하고 그 뒤 연차적으로 전액을 분할지불하여 매입하는 것이었다. 개인보다 단체에 신청의 우선권이 부여되어 있었기 때문에 YMCA는 유리한 위치에 놓여 있었다. 이리하여 유지자들이 YMCA 창립총회를 열어 이사와 임원을 선출하고 적산가옥의 임대차계약서류를 첨가하여(그것은 '회관'이 있음을 의미하였다) 조선기독교청년연합회에 가맹원서를 제출하면 연합위원회는 이를 유자격 YMCA로 인정하고 회관매입금 일부 또는 전액을 보조하였다. 또한 이미 회관을 가지고 있는 YMCA와 일부 신설YMCA의 건물수리비(일부 또는 전액을) 보존하였다. 이렇게 YMCA가맹의 문은 활짝 열려 있

---

15) 대한YMCA연맹 엮음, 『한국YMCA운동사』, 165쪽.

었고 그 가맹조건은 지극히 간이하였기 때문에 군소도시로부터 많은 가맹신청을 받게 되었다.[16]

요컨대 지역YMCA로 가입하면 적산가옥(敵産家屋) 불하에 매우 유리했다는 것이다. 그것만이 지역YMCA 창립의 목적일 리는 없지만 매우 매력적인 이권이었을 것이다.[17] 순천YMCA도 예외가 아니었던 것 같다. 다음 증언이 참고된다.

    ⓕ 해방 직후 중소도시 중심으로 YMCA 창립을 여러 지방에서 하였는데 그 당시에 많은 YMCA가 적산가옥 등을 받아서 회관으로 사용한 사례가 있었고, 일부 YMCA는 불로소득으로 얻은 재산이라 또 쉽게 유실되는 경우도 상당수가 있었다. 순천YMCA도 그 중에 하나로써 과거에 구 회관이 적산가옥으로 동외동 중앙시장 근처에 있었다는 정보를 입수하고 유실된 과정을 알기 위해서 등기열람을 하다 보니 매각 과정에서 발생된 실수로 1평 정도가 YMCA 명의로 남아 있는 것을 발견하였다. 그래서 그때 찾은 부지를 매각하니 당시 시가로 약 7백만 원 정도를 받아서 회관 수리비용으로 충당하였던 기록이 새롭다.[18]

---

16) 대한YMCA연맹 엮음, 『한국YMCA운동사』, 165쪽.

17) "한국개신교는 다른 종교에 비해 적산 획득과 관련하여 유리한 위치에 있었다. 왜냐하면 미군정 당시 적산 분배의 책임자들이 대부분 개신교인이었기 때문이다. 예를 들어 미장로교 선교사인 원한경(Horace H. Underwood)은 미군정청 재산관리과로부터 장로교선교회 재산관리관으로 위촉받았으며, 한국인 최초로 신학박사를 받은 남궁혁 목사는 적산관리처장을 역임했다. 영락교회의 신사였던 김병훈(훗날 원로장로)도 미군정청 적산관리과에 근무하고 있었다. 이와 같이 적산 분배와 처리에 개신교인들이 적지 않은 영향력을 행사할 수 있었던 상황이었다. 한국개신교는 적산 분배를 둘러싼 경쟁에서 유리한 고지를 선점할 수 있었다. 당시에는 "영어깨나 하고 기독교를 믿는다면 집 한 채쯤은 문제없이 얻을 수 있다"는 풍문이 나돌 정도였다(강성호, 「한국 현대사에서 교회와 부동산 문제」, 『기독교사상』 723, 대한기독교서회, 2014, 35쪽)."

18) 이래일, 「실무자의 열정과 두 지도자의 헌신으로 이룬 재창립」, 『순천YMCA68년사』,

순천YMCA도 적산가옥을 불하받아 회관으로 사용하고 있었으며, "불로소득으로 얻은 재산이라 또 쉽게 유실되는 경우"에 해당했다는 것이다.

2. 순천YMCA의 창립(1): 『순천YMCA68년사』

이제 순천YMCA의 창립에 대한 『순천YMCA68년사』의 내용을 살펴보자.

> ⓖ 1. 창립: (1) 순천YMCA는 ❶ 1945년에 창립되었고 ❷ 초대회장은 김정기 회장(당시 중앙교회 장로, 승주군 2대 국회의원)이었다. (2) ❸ 양경환 이사(1957년 순천YMCA 이사, 중앙교회 장로)는 순천시 동외동 80-13에 ❹ 순천YMCA 적산가옥이 있어 ❺ 당시 애린원(고아원)이 운영되었으며 YMCA 모임장소로도 활용하였다고 증언하였다.[19]

순천YMCA가 1945년에 창립(❶)되었으며 초대회장이 김정기(❷)였다는 근거는 제시되어 있지 않다.[20] 그리고 (1)과 (2)는 수년의 시차가 난다. 양경환 이사(❸)는 "한국전쟁이 미처 마무리가 되지 않았던 1953년 4월 13일에 매산고등학교 국어교사로 부임"했으며, "해방 직후부터 순천YMCA를 창립하여 활동했던 선배들의 흔적이 남아 있는 것으로 보아

110쪽.

19) 순천YMCA 역사편찬위원회, 『순천YMCA68년사』, 152쪽. 번호는 필자가 편의상 붙인 것이다.

20) 이 때문에 『68년사』 역사편찬위원들도 "1979년 재창립 이전에 순천YMCA 이름으로 활동한 의미 있는 기록이 거의 남아 있지 않았"으니 "1979년 재창립을 창립으로 보아야 한다는 의견이 대세"였지만 "이래일 전 사무총장님의 조언으로 '1945년 순천YMCA 창립'을 기준으로 역사편찬 작업을 시작"했다(유옥순, 「역사 편찬 속에 깃든 정신과 염원」, 순천YMCA 역사편찬위원회, 『순천YMCA68년사』, 390쪽).

YMCA의 정신은 아마도 그 시대의 희망이었을 것"[21]이라 회고했으니 "1945년 창립" 당시 그는 참여하지 않았을 것이다. 아무튼 그의 회고에 따르면 순천YMCA는 별도의 회관 없이 적산가옥(❹)이었던 고아원인 애린원(❺)[22]에서 회합했던 것 같다.

김정기는 1928~1929년 순천기독청년면려회 회장을 역임했고 1929년 신간회 순천지회장으로 선출되었다.[23] 그는『동아일보』순천지국장을 역임했고 동아여관을 경영했으며, 1933년 순천중앙교회 장로로 장립되었다.[24] 해방 직후인 1945년 8월에는 조선건국준비위원회 순천지부 부위원장에 선임되었으며,[25] 이후 순천군수와 목포시장, 제2대 국회의원(전남 승주, 무소속) 등을 역임했다. 다음은 그의 신상 내역이다.[26]

구분	내용
생년	(1) 1893년
연령	(1) 61세(1956년 현재)
출신지	(1) 전남 승주군

21) 양경환,「작은 신맷물이 모여 큰 강이 되듯이」, 순천YMCA 역사편찬위원회,『순천 YMCA68년사』, 91쪽.

22) 애린원 원장은 유연창 장로였다. 전남 승주군 서면 면장 출신인 그는 1952년 경 애린원을 설립했으며, 1954년 7월 현재 원아는 294명이었다(「축경인년 광고」,『연합신문』1950.2.24;「애린원 원장의 독지」,『경향신문』1954.7.25; 양경환,「작은 시냇물이 모여 큰 강이 되듯이」, 순천YMCA 역사편찬위원회,『순천YMCA68년사』, 91쪽).

23)「순천기청臨總」,『동아일보』1928.11.17;「순천기청例會」,『동아일보』1928.12.5;「순천新支大會」,『동아일보』1929.1.8;「현저히 발달된 찬연한 지방문화⑧」,『동아일보』1929.1.9; 윤백남,「南朝鮮 野談巡訪 葉信⑬」,『동아일보』1931.6.14.

24) 순천중앙교회 홈페이지(http://www.scjungang.com).

25) 임송자,「여순사건과 순천지역 좌·우익 세력의 동향」,『역사학연구』73, 호남사학회, 2019, 167쪽. 건준 순천지부 위원장은 순천기독청년면려회 회장 출신 김양수(金良洙)였다.

26) 국사편찬위원회 한국데이터베이스 홈페이지(http://db.history.go.kr)「한국근현대 인물자료」.

구분	내용
현직업	(1) 국회의원
학력	(1) 평양신학 3년 수료 (2) 평양신학교 졸업 (3) 평양신학교 졸업
경력/ 활동	(1) 17년간 동아일보 전남동부지사 경영, 신문기자단 단장, 국민회 순천지부 지부장, <u>미군정 전남고문</u>, 국민대학원 이사, 순천군수, 목포시장 역임, 무소속 제2대 민의원, 국회 상공위원, 국회 운영위원
	(2) 동아일보 지사장, 국민회 지부장, <u>미군정 전라남도고문</u>, 순천군수, 목포부윤 등 역임, 2대 국회의원(지역구 전라남도 승주 소속정당 무소속) 당선, 상공위원, 운영위원 및 국민방위군사건, 朝紡사건, 서민호사건 등의 조사위원 역임, 무소속으로 일관함
	(3) 전라남도 순천군수 역임, 전라남도 목포부윤 역임, 제2대 국회의원 (선거구 전라남도 승주, 소속정당 무소속)
(1) 대한민국건국십년지 (2) 사진으로 본 국회 20년 부록 역대국회의원 약력 (3) 역대국회의원 총람	

이같은 경력을 가진 김정기가 순천YMCA 초대회장이었다고 해도 어색할 것이 없다. 특히 그가 미군정 전라남도 고문을 역임했다는 점은 해방정국에서 매우 고무적이었을 것이다.

하지만 그는 곧 행정가와 기업인, 정치인의 길을 밟게 되었다. 1946년 6월 순천군수에 이어 1947년 2월 목포부윤에 취임했고,[27] 1949년 4월 대한국민회 순천지부 부지부장에 선출되었으며,[28] 순천제지회사 이사장으로 재직하다 1950년 6월 제2대 국회의원에 무소속(승주군)으로 당선되었다.[29] 그가 초대회장이었다 해도 순천군수 부임 이전에 사직했을 것이다.

---

27) 「金목포군수 着任談」, 『동광신문』 1947.2.25.

28) 「국민회 순천지부 결성」, 『호남신문』 1949.4.21.

29) 「祝庚寅年」, 『연합신문』 1950.2.24; 「제2차 국회의원 당선자 일람표: 민중의 참된 대변자가 되라」, 『동아일보』 1950.6.2; 「민주선거에 유종의 미, 전남도내 각구 당선자 발표」, 『동광신문』 1950.6.2.

창립에 이어 여순사건과 6.25전쟁이 발생했으니 순천YMCA도 타격을 받았을 것이나, "1951년에 김종하 회장(순천노회장 역임, 제일교회 설립 참여)이 순천YMCA를 재건하여 회장을 맡았다"고 기록되어 있다.[30] 이대로라면 그는 순천YMCA의 제2대 회장이 되는 셈이다. 하지만 그가 초대회장이었다는 기록도 있다. 바로 『한국YMCA운동사』이다.

3. 순천YMCA의 창립(2) : 『한국YMCA운동사』

『한국YMCA운동사』에도 근거 제시 없이 "김천(재건)·해남·거제·마산·순천·여수(이상 1946)" 및 "1945년 10월 3일, 순천YMCA 창립(회장 김종하, 총무 정인권)"[31]라고 나와 혼란을 더하지만, 연월일까지 구체적으로 나와 있어 주목된다. 김종하는 1936년 7월 순천승주교회 창립 당시 집사였으며, 1939년 1월 장로로 장립되었다.[32] 순천노회에서는 서기(1947·1958), 부회장(1949), 노회장(1960·1971) 및 매산학교 이사 등의 직책을 맡은 것이 확인된다.[33] 1955년 순천무허가판자집철거대책추진위원회 위원장[34]을 역임했으며, 1957년 자유당 소속으로 순천시장 보궐선거에 출마했으나 낙선했다.[35]

그렇다면 『한국YMCA운동사』 말미에 실린 「연표」는 얼마나 신뢰할 수 있을까. 이 「연표」의 내용을 지역YMCA 홈페이지 또는 자체 역사서의 내용과 비교해 정리하면 다음과 같다.

---

30) 순천YMCA 역사편찬위원회, 『순천YMCA68년사』, 152쪽.
31) 대한YMCA연맹 엮음, 『한국YMCA운동사』, 165, 479쪽.
32) 순천제일교회 홈페이지(http://sjeil.or.kr) 참조.
33) 『순천노회사』, 대한예수교장로회 순천노회, 1991, 100~104쪽의 「역대 임원 명단」 및 『순천노회 회의록①(조직회~38회)』(대한예수교장로회 순천노회, 1986) 참조. 이들 자료는 순천대 인문학술원 임송자 선생이 제공해 주셨다.
34) 「내고장 모임」, 『경향신문』 1955.6.1.
35) 「청주·순천시장 보선결과 판명」, 『동아일보』 1957.11.22.

지역YMCA	『한국YMCA운동사』 창립시기			구분	초대임원		지역YMCA 홈페이지 등 창립시기			초대임원		비고
	연	월	일		회장	총무	연	월	일	회장	총무	
대구 YMCA	1945	08	-	재건	김정오	김태묵	○	○	18	○	○	홈페이지/『대구YMCA80년사』
광주 YMCA		10	-		최흥종	정인세	○	09	-	○	○	홈페이지/『광주YMCA70년사』
여수 YMCA		09	10	창립	이철	황진석	○	○	25	-	-	홈페이지
순천 YMCA		10	03	창립	김종하	정인권	○	-	-	김정기	-	홈페이지/『순천YMCA68년사』
부산 YMCA		10	28		양성봉	노진현	○	-	-	-	-	홈페이지
해남 YMCA	1946	02	12	창립	이준묵	이성학	○	-	-	-	-	홈페이지/『해남우리신문』 2017.11.13
마산 YMCA		05	08		이순필	김병우	○	○	○		-	홈페이지/『경남신문』 2005.12.30.
대전 YMCA	1947	01	01	창립	전용섭	김재도	○	○	○	○	김사엽	홈페이지
진주 YMCA		02	22		김준기	최정기	○	-	-	-	-	홈페이지
목포 YMCA	1948	01	17	창립	최섭	채길용	1946	04	15	-		홈페이지
청주 YMCA		02	15		김명직	박종열	○	○	○			홈페이지
인천 YMCA		07	14		장기수	문환모	○	10	20	-	-	홈페이지
경주 YMCA		11	20		황성학	김효근	1947	○	○	○	○	홈페이지/『경주신문』 2002.11.22.

지역 YMCA	「한국YMCA운동사」						지역YMCA 홈페이지 등					비고
	창립시기			구분	초대임원		창립시기			초대임원		
	연	월	일		회장	총무	연	월	일	회장	총무	
군산 YMCA	1949	01	03	창립	김병수	박창묵	○	04	20	○	–	홈페이지
춘천 YMCA		02	20		김영배	라사행	○	○	21	–	–	홈페이지
밀양 YMCA		04	01		김경득	하상덕	–	–	–	–	–	자료 없음
제주 YMCA	1951	03	19	창립	이윤학	조응만	○	–	–	–	–	홈페이지

　여기서 보듯이 17개 지역YMCA 중 비교 자료가 있는 것은 16개이며, 이 중 14개(87.5%)의 창립연도가 일치한다. 그럼에도 年·月·日 불일치(목포), 月·日 불일치(군산), 月 불일치(광주), 日 불일치(여수·춘천), 임원 불일치(대전) 등의 사례가 있어 전적으로 신뢰하기도 주저된다.

　그럼에도 『순천YMCA68년사』와 『한국YMCA운동사』의 내용 중 굳이 택일을 해야 한다면 필자는 후자를 선택한다. 이유인 즉 전자는 '구전'에 의존한 것 같고 후자는 '기록'에 기반한 것 같아서이다. 순천YMCA가 적산가옥을 불하받을 때 대한YMCA연맹의 지원을 받았다면 가맹신청을 받았을텐데, 혹시 당시 서류에 이렇게 명기되었던 것은 아닐까 짐작된다.

　순천YMCA의 창립연도가 1946년이라는 다음과 같은 연구도 있는데,[36] 이 역시 근거가 명확하지는 않다.

---

36) 조철민, 「기독교청년회(YMCA)의 시민참여적 시민운동의 흐름」, 『기억과 전망』 29, 민주화운동기념사업회 한국민주주의연구소, 2013, 241쪽.

시기	시민사회단체		YMCA
해방 이전	17개 (0.90%)	6개 지역	서울(1903), 연맹(1914), 광주(1920), 대구(1918), 전주(1925), 김천(1928)
1945~ 1969	135개 (7.17%)	10개 지역	부산·여수(1945), 마산·군산·목포·해남(1946), 대전·경주·진주(1947), 인천·청주(1948), 춘천(1949), 강릉·수원·의정부(1968), 홍성(1969)
1970 년대	99개 (5.22%)	6개 지역	원주(1973), 울산(1974), 영천·포항(1975), 평택(1976), 순천(1979)
1980 년대	413개 (21.78%)	6개 지역	성남(1981), 부천(1982), 거창·익산(1984), 구미(1985), 안양(1989)
1990 년대	1,231개 (64.92%)	18개 지역	속초·이천(1991), 고양·서산·천안(1993), 광명(1994), 구리·안산·창원(1995), 광양(1996), 시흥(1997), 김해(1998), 남양주·거제·아산(1999), 군포·문경·영주(2000)

※ 주: 순천YMCA의 경우 1946년 설립 이후 활동이 중단됐다가 1979년 재건되었음.
자료: 시민운동정보센터 2012: 한국YMCA전국연맹 2010의 통계자료를 재구성한 것임.

이처럼 순천YMCA의 창립연대에 대해서는 이견이 있으나 필자로서는 1945년으로 보고자 한다. 명확한 판단의 근거가 없는 현재로서는 순천YMCA 자체의 공식입장인『순천YMCA68년사』의 내용을 존중하면서 동시에 "1945년 10월 3일"이라는『한국YMCA운동사』의 구체적 언급에 비중을 두기 때문이다.

그렇다면 초대회장은 김정기인가 김종하인가. 이에 대해서는『순천YMCA68년사』와『한국YMCA운동사』의 내용이 다르기 때문에 택일해야한다면 김종하를 선택하려 한다. 이미 전술했듯이『순천YMCA68년사』(회장: 김정기)는 '구전'에 의존한 것 같고『한국YMCA운동사』(회장: 김종하)는 '기록'에 기반한 것 같아서이다.

Ⅲ. 순천YMCA의 재건과 발전

1. 순천YMCA의 재건

순천YMCA의 역사에서는 '재건'과 '침체'란 표현이 자주 등장한다. 그만큼 우여곡절이 많았음을 반증한다. 다음은 『순천YMCA68년사』의 해당 부분을 정리한 것이다.

연도	회장	내용	해당쪽수
1951		1951년에 김종하 회장(순천노회장 역임, 제일교회 설립 참여)이 순천YMCA를 <u>재건</u>하여 회장을 맡았다.	152
1957	김종하	그 후 1957년에 다시 <u>재건</u>하여 12월 10일에 김종하 외 14명의 이름으로 대한YMCA연맹에 재건 청원서를 제출하였다.	152~153
1958		1958년에 대한YMCA연맹에 가맹되었으나 다시 <u>침체</u>되었다.	
1960		그 후 김종하 회장이 1960년 초반에 다시 <u>재건</u>하였으나 다시 <u>침체</u>되었다.	153
1965	남영희	1965년에 남영희 회장(성결교회 장로, 국제와이즈멘 순천클럽 회장 역임)이 재건을 시도했으나 실패하였다.	
1966	윤영철	1966년 3월 7일에는 총회 후 윤영철 회장(제중한의원 원장, 성신원 원장) 명의로 임원·고문 개편 통지서를 발송하기도 하였다.	
1968		1968년 6월 3일에는 남영희 회장이 정기총회를 진행하여 정회원 30명 중 23명이 참석하였다.	
1970		1970년에 윤영철 회장이 다시 <u>재건</u>하였고	
1971	남영희	1971년 6월 8일에는 남영희 회장이 정기총회를 개최하였다.	154
1973	김오봉	1973년에는 김오봉 이사장(광주양림교회 장로, 매산고 교장)이 순천YMCA를 이끌었다.	
1974	강창원	1974년 강창원 이사장(강산부인과 원장, 동부교회 장로) 시기에는 회원수가 66명이었으며 합창단 운영 외 청년회(회장: 강태현) 활동이 활발하였다.	
1975	정영한	1975년에는 정영한 이사장(순천신경정신과 원장, 제일교회 장로 역임)이 YMCA를 이끌었고 새가정운동을 전개하여 이종성 목사 초총 교양강좌도 진행하였다.	

1951~1975년 '재건'이란 표현이 5번 나올 정도로 순천YMCA는 조직과 활동이 안정되지 못했다. 여순사건과 6·25전쟁 직후인 1950년대 초반까지는 그렇다 하더라도 왜 '재건'이 반복되었는지, 이것이 비단 순천YMCA만의 현상이었는지는 알지 못한다. 그럼에도 회원은 1968년 42명, 1974년 66명으로 조금씩 성장세를 나타냈다.[37]

1978년 8월 구성원들은 더 이상의 '재건'이 아닌 '재창립'에 합의했고, 1979년 1월 재창립준비위원회가 구성되었으며, 1979년 5월 대한YMCA연맹에 재창립 승인을 신청했다. 이어 1979년 6월 재창립 총회를 개최하고 초대이사장에 허진명, 초대총무에 이형민을 선출하는 한편 11월 회관 개관식을 거행했다.[38] 이후 순천YMCA의 활동은 본 궤도에 오르며 발전을 거듭했다.

순천YMCA 회원의 추이를 정리하면 다음과 같은데,[39] 1996~1997년과 2011~2012년의 급감이 주목된다. 전자는 IMF의 영향을 받은 것으로 짐작되지만 후자는 필자가 설명하기 어렵다. "발전을 거듭"했다고는 하나 그 과정에서의 시련과 굴곡 역시 설명이 필요하다.

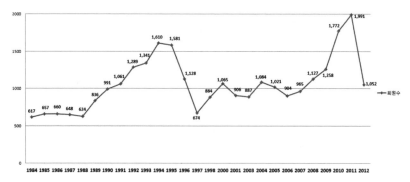

순천YMCA의 회원 추이(1984~2012)

37) 순천YMCA 역사편찬위원회, 『순천YMCA68년사』, 154쪽.
38) 순천YMCA 역사편찬위원회, 『순천YMCA68년사』, 154쪽.
39) 이 그래프의 근거는 순천YMCA 역사편찬위원회, 『순천YMCA68년사』에 나오는 연도별 회원수이다.

이제 순천YMCA 회원 구성을 살펴보자 다음은 1984년 현황을 정리한 것이다.[40] 여기서는 회원 자격에 성별·연령별·종교별 구분이 없었다는 점이 주목된다. 이미 순천YWCA가 조직되어 있었음에도[41] 여성 회원들의 비중이 20% 정도였다. 특히 기독교(개신교)인의 비중이 35%에 불과했다는 점은 일반적인 기독청년단체와 구별된다.

성별	남성			여성			합계
	484 (78.4%)			133 (21.6%)			617
연령	20대		30대		40대 이상		합계
	227 (42.7%)		171 (32.2%)		133 (25.0%)		531
종교	개신교	천주교	불교		유교	무교	합계
	216 (35.0%)	13 (2.1%)	18 (2.9%)		2 (0.3%)	368 (59.6%)	617
직업	농업	공업	상업	의사	사무원	학생	기타	합계
	20 (3.2%)	10 (1.6%)	289 (46.8%)	22 (3.6%)	176 (28.5%)	56 (9.1%)	44 (7.1%)	617

이제 순천YMCA의 활동 추이에 대해 살펴보자. 다음은 재창립 직전인 1979년 4월 순천YMCA의 주요사업 계획으로, (1) 시민의식 개발사업 (2) 지역사회 개발사업 (3) 협동조합 (4) 종교사업 (5) 국제친선사업 (6) 청소년사업 (7) 캠프사업 (8) 생활문화사업 (9) 체육사업 등이었다.

1984년 이후 순천YMCA의 활동에 대해 『순천YMCA68년사』의 「시대별 활동사」에서는 (1) 회원사업 (2) 교육사업(① 유아교육 ② 어린이교육 ③ 성인교육 ④ 평화학교 ⑤ 마을과 아이들 어린이집) (3) 청소년사업 (4) 시민사업(① 시민중계실 ② 시민사업) 등으로 나누어 상세히 설

---

40) 순천YMCA 역사편찬위원회, 『순천YMCA68년사』, 163쪽.

41) 1946년 3월 15일 순천YWCA 창립(초대회장 이복림): 순천YWCA 홈페이지 (http://www.scywca.kr).

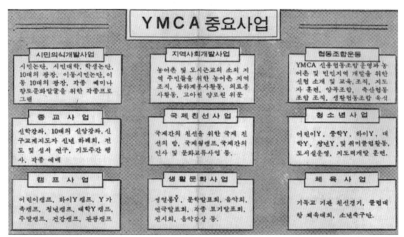

순천YMCA창립준비위원회, 『순천YMCA』(1979.4.10)

명하고 있다. 이들 활동의 시기별 추이를 정리·분석하여 그 특징을 드러내는 것이 필자의 임무이지만 이는 후일의 과제로 미루고자 한다. 그리고 「사업별 활동사」와 「연계기관별 활동사」는 그 목차를 소개하는 것으로 대신하려 한다.

사업별 활동사	
분야	목차
1. 아기스포츠단	① 배경 및 초창기 ② 체계화 및 성장 ③ 새로운 도전 ④ 마무리
2. 마을과 아이들 어린이집	① 개소 배경 및 과정 ② SK지원 2년(2006~2007) ③ 독립시스템 마련(2008~2010) ④ 정착 및 안정화(2011~2013)
3. 평화초등학교	① 개교 준비 ② 2003년 개교 및 학사 운영: 초대 홍순관 교장 ③ 2004학년도 학사운영 ④ 2005학년도 학사운영 ⑤ 2006학년도 학사운영 ⑥ 2007학년도 학사운영: 제2대 양인목 교장 ⑦ 2008학년도 학사운영: 박소정 교장 권한대행 ⑧ 2009학년도 학사운영: 제3대 김민해 교장 ⑨ 2010년: 평화초등학교 분리독립

사업별 활동사	
분야	목차
4. 청소년Y	① 조직 및 뿌리 내리기 ② 1차 침체기 및 극복 ③ 지역사회 청소년행사 및 모임 확대 그리고 2차 침체 ④ 재건 및 새로운 정착
5. 대학Y	① 창립 및 뿌리 내리기 ② 확장기 ③ 학생운동 영향 및 침체 ④ 재건 및 새로운 활동
6. 청년Y	① 청년Y 창립과 재창립 ② 왕성한 청년Y ③ 답보과정 ④ 침체 및 활동중단
7. 시민중계실	① 순천YMCA 시민중계실 출범 ② 시민상담실과 상근상담원 배치 ③ 시민중계실 시민사업의 영역확장 ④ 시민상담의 정착과 시민 권리의식 향상 ⑤ 시민중계실 코너 ⑥ 시민들의 아픔과 함께하는 시민중계실 10년 ⑦ 시민중계실의 위상 설정 고민 ⑧ 소비자상담 증가와 소비자주권 강화 ⑨ 시민중계실의 안정화와 소비자피해 예방활동 ⑩ 시민중계실의 상담축소와 위상약화 ⑪ 1372 전국단위 소비자상담센터 신설 ⑫현명한 소비자 양성과 합리적인 소비활동
8. 시민운동	① 87년 6월 민주항쟁의 큰 기둥 ② 순천만 지키기 시민연대 활동 ③ 고등학교 입시 평준화 운동 ④ 청소년 축제 ⑤ 화상경마장 반대운동의 결실 ⑥ 주민자치와 민관 협력 활동

연계기관별 활동사	
분야	목차
1. 국제와이즈멘클럽과 한국와이즈멘	① 국제와이즈멘 클럽 구성과 목적 ② 한국와이즈멘의 조직과 순천 8개 클럽
2. 순천중앙신협 (순천YMCA 신협)	① 태동기(1979~1984) ② 정착기(1985~1990) ③ 성장기(1991~2000) ④ 시련극복기(2001~2004) ⑤ 미래를 위한 준비기(2005~2009) ⑥ 확장기(2010~2013)
3. 순천YMCA 생협	① 순천YMCA 등대생협(1992~1993) ② 순천YMCA 교육생협 "교육공동체 아름드리"(1999~2005) ③ 순천YMCA 생활협동조합 재조직(2005) ④ 순천YMCA 생활협동조합 창립총회 이후 3년(2007~2009) ⑤ 순천YMCA 생협 법인총회 그리고 이후(2010~2013)

특히 주목할 부분은 순천YMCA의 농민운동이다. 한국YMCA는 해방

이전부터 '농촌사업'이란 명칭으로 농민운동에 큰 관심을 갖고 주력해 왔으며,[42] 해방 이후에도 그 전통을 계승했다. 광주·전남의 경우 순천 YMCA와 해남YMCA가 그 선두주자였다.[43]

1979년 순천YMCA가 재창립된 이후 1980년 'YMCA 농촌개발분과위원회'가 구성되어 농촌부락 지도력 발굴, 협동사업 추진, 농촌소비자 보호운동 등을 계획하고 같은 해 3월에는 호남지역 농민지도자연수회, 4월에는 호남지역 신협지도자교육을 실시했고 7월에는 농촌지도자 캠프를 운영하는 한편 「농민소식」을 간행했다.

순천YMCA는 1985년 3월 순천YMCA농민회(회장 김환봉)를 결성하고 1986년 9월 「순천YMCA농민회 소식」을 창간하여 농민을 대상으로 한 계몽운동과 교육사업을 전개했으며, 1986년 고흥·보성·승주에 양곡조합을 설립했다.[44]

순천YMCA 농민운동이 활발했던 지역은 승주군이다. 1986년 10월 승주권 별량면 두고리 덕산부락에 덕산양곡조합이 설립되었으며, 이후 외서면·황전면·해룡면·주암면까지 농민운동이 확산되었다. 1897년 9월에는 '승주군농민회 결성을 위한 준비위원회'가 조직되었으며, 같은 달 『승주농민의 소리』가 간행되었다. 1987년 11월에는 면 단위의 조직인 '별량면농민회'(회장 김광옥)가 창립되었으며, 1988년에는 '승주 YMCA농민회'로 개편하고 농촌의료보험 개선운동과 수세거부운동 등을 전개했다. 같은 해 승주YMCA농민회는 다시 '승주농민회'로 개편되

---

42) 한국YMCA의 농촌사업에 대해서는 필자의 『일제하 한국기독교 농촌운동』, 한국기독교역사연구소, 1997 참조.

43) 윤수종, 「영원한 개량─전남지역 YMCA농민회의 활동」, 『농촌사회』 25(1), 한국농촌사회학회, 2015; 윤수종, 『연구총서⑥ 민주장정 100년, 광주·전남지역사회운동사: 농민운동』, 광주광역시·전라남도, 2016; 신임숙, 「YMCA 생활협동운동의 사례연구: 순천YMCA 생협 중심으로」, 『한국YMCA AOS연구지』 20, 한국YMCA간사회, 2011 등 참조.

44) 윤수종, 「영원한 개량─전남지역 YMCA농민회의 활동」, 249─251쪽.

었지만 여전히 순천YMCA와 유기적 협력관계를 지속했다.[45]

Ⅳ. 맺음말

이상에서 순천YMCA의 창립과 재건, 활동 등에 대해 미진하게나마 살펴봤다. 창립시기와 초대회장의 경우 자료가 충분하지는 않으나 1945년 10월 3일 창립되었으며 초대회장은 김종하였을 것으로 추정했다. 재건 과정과 활동의 시기적 추이·특색을 제시하는 데도 부족한 점이 있다. 그럼에도 창립을 비롯한 순천YMCA의 초기 역사에 대해 나름의 문제의식을 갖고 새롭게 검토했다는 점으로 위안을 삼고자 한다.

1979년 재창립 이후 순천YMCA는 다양한 활동을 전개했으며 농민운동·협동조합운동·시민운동·환경운동·민주화운동 등으로 그 영역을 확장했다. 아울러 유아·아동·청소년을 대상으로 한 사업도 추진했다. 이에 대한 자료는 매우 방대하므로 후속연구의 과제로 남겨놓고자 한다.

덧붙이자면, 2013년 『68년사』에 이어 2025년 『80년사』나 이후 『100년사』가 간행된다면 다음 몇 가지가 반영되었으면 좋겠다. 첫째, 본문 내용에 대한 근거가 제시되기를 바란다. 이 책이 단순한 '기관사(機關史)'의 수준을 넘어 '학술서(學術書)'로서의 가치를 인정받으려면 반드시 필요한 작업이다.

둘째, 창립 부분이 지금보다는 보완되어야 한다. 1945~1946년은 순천YMCA의 역사에서 '창세기'에 해당되나, 현재는 단 몇 줄로만 요약되어 있다. 자료의 한계는 어쩔 수 없다 하더라도, 그것에 대한 면밀한

---

45) 윤수종, 『연구총서⑥ 민주장정 100년, 광주·전남지역사회운동사: 농민운동』, 235-238쪽.

검토가 필요하다.

셋째, 지금이라도 미처 발굴하지 못한 자료를 수집하고 현재의 자료를 체계적으로 정리하는 작업이 중요하다. 『68년사』를 집필하면서 자료가 빈약하다고 아쉬워했다면 그 아쉬움을 『80년사』나 『100년사』 집필자들에게 물려줘서는 안되기 때문이다. 현재 민주화운동기념사업회에 소장되어 있는 관련 자료들은 이미 수집한 것으로 보이나 한국 YMCA연맹에 소장되어 있는 관련 자료들에 대한 파악도 필요하다.

〈참고문헌〉

『죠션크리스도인회보』, 『동아일보』, 『부녀일보』, 『조선중앙일보』, 『동광신문』,
　　『호남신문』, 『경향신문』, 『연합신문』.

대한YMCA연맹 엮음, 『한국YMCA운동사: 1895~1985』, 路출판, 1986.
순천YMCA 역사편찬위원회, 『순천YMCA68년사: 1945~2013』, 순천YMCA,
　　2013.
『순천노회사』, 대한예수교장로회 순천노회, 1991.
한규무, 『일제하 한국기독교 농촌운동』, 한국기독교역사연구소, 1997.
윤수종, 『연구총서⑥ 민주장정 100년, 광주·전남지역사회운동사: 농민운동』,
　　광주광역시·전라남도, 2016.

강성호, 「한국 현대사에서 교회와 부동산 문제」, 『기독교사상』 723, 대한기독
　　교서회, 2014.
신임숙, 「YMCA 생활협동운동의 사례연구: 순천YMCA 생협 중심으로」, 『한국
　　YMCA AOS연구지』 20, YMCA간사회, 2011.
윤수종, 「영원한 개량−전남지역 YMCA농민회의 활동」, 『농촌사회』 25(1), 한국
　　농촌사회학회, 2015.
이기훈, 「1920년대 전지방의 청년단체와 청년운동」, 『역사문제연구』 26, 역사
　　문제연구소, 2011.
임송자, 「여순사건과 순천지역 좌·우익 세력의 동향」, 『역사학연구』 73, 호남
　　사학회, 2019.
임송자, 「제헌의원 황두연의 생애와 순천지역 활동」, 『남도문화연구』 35, 순천
　　대학교 남도문화연구소, 2018.
조철민, 「기독교청년회(YMCA)의 시민참여적 시민운동의 흐름」, 『기억과 전망』
　　29, 민주화운동기념사업회 한국민주주의연구소, 2013.

국사편찬위원회 한국데이터베이스 홈페이지(http://db.history.go.kr)

순천YMCA 홈페이지(http://scymca.kr)

순천YWCA 홈페이지(http://www.scywca.kr)

순천중앙교회 홈페이지(http://www.scjungang.com)

순천제일교회 홈페이지(http://sjeil.or.kr)

필자소개

제1부 선교기지와 의료기관

강성호

국립순천대학교 인문학술원 원장. 역사이론 및 세계현대사 전공. 고려대학교 사학과에서 박사학위를 받았다. 순천대학교 사학과 교수, 미국 UC 버클리 방문학자, 순천대 지리산권문화연구원 원장및 HK단장, 한국서양사학회 회장, 한국연구재단 학술지발전위원장 등을 지냈다. 현재 순천대 인문학술원장, 전국대학중점연구소협의회장, 그리고 (사) 호남사학회 이사장으로 활동하고 있다. 지은 책으로 『근대세계체제론의 역사적 이해』(까치, 1996), 『서양문명과 인종주의』(지식산업사, 2002), 『유럽중심주의 세계사를 넘어 세계사들로』(푸른역사, 2009), 『중유럽 문제와 민족문제-오스트리아 헝가리 제국을 중심으로』(동북아역사재단, 2009), 『발전의 지정학과 궤적: 한국, 일본, 타이완, 독일, 푸에르토리코』(UC 버클리 동아시아연구소, 2010), 『지리산과 이상향』(선인, 2015), 『탈서구중심주의는 가능한가』(아카넷, 2016), 『전남동부 기독교 선교와 한국사회』(선인, 2019), 『제도와 문화현상』(선인, 2020) 등이 있다.

윤정란

현재 숭실대학교 한국기독교문화연구원 교수로 재직 중이다. 주요 저서로 『한국전쟁과 기독교』(2015), 『한국 기독교 여성운동의 역사』(2003), 『19세기말 서양선교사와 한국사회』(공저, 2004), 『전쟁과 기억』(공저, 2005), 『종교계의 민족운동』(공저, 2008), 『서북을 호령한 여성독립운동가 조신성』(2009), 『혁명과 여성』(공저, 2010), 『왕비로 보는 조선왕조』(2015) 등이 있으며, 다수의 논문이 있다.

이홍술

대전신학대학교 외래교수, 호남신학대학교 겸임교수 및 동 대학교 객원교수를 역임하였으며, 현재 평화로운교회 위임목사로 재직 중이다. 주요 저서로 『순교자 손양원 목사의 생애와 신앙』(2002), 『현대 신학과 기독교 윤리』(공저, 2003), 『믿음, 삶 그리고 하나님 나라』(공저, 2008), 『윤리신학의 탐구』(공저, 2012) 등이 있고, 주요 논문으로 「해방 이후 순천지역 교회의 성장과 전망」(2018), 「인휴(Rev. Hugh MacIntyre Linton)선교사의 순천지역 선교에 관한 연구」(2019) 등이 있다.

송현강

한남대학교 인돈학술원 연구위원이다. 주요 저서로 『대전-충남지역 교회사 연구』(2004), 『미국남장로교의 한국선교』(2018)가 있고, 주요 논문으로 「미국남장로교한국선교부의 목포스테이션 설치와 운영」(2008), 「미국 남장로교의 전북지역 의료선교(1896-1940)」(2011), 「남장로교 선교사 클레멘트 오웬(Clement C. Owen)의 전남 선교」(2015), 「순천의 개척자 로버트 코잇(Robert T. Coit)의 한국 선교 활동」(2016), 「서울-경기지역의 기독교계 3.1운동」(2021) 등 다수가 있다.

제2부 교육·청년운동 기관

박정환

장로회신학대학교(PUTS)에서 한국교회의 첫 번째 선교지였던 제주도의 개신교 형성 과정을 연구하였다. 교회사가로서 인물 및 개(個)교회사 서술의 관점을 개척, 공동체 '구성원 모두의 목소리를 담아내는 역사 쓰기'를 시도하고 있다. 또한 아래로부터의 역사, 여성의 눈으로 보는 역사 서술의 방향도 탐색하였다. 저서는 『한국교회 첫 선교지』(공저, 2010), 『무지개 방앗간의 합창』(2015), 『교회사 연구, 이제는 한국과 아시아로』(공저, 2020) 등이 있고, 논문은 「초기 제주도 개신교 형성사」(2013), 「이상재, 기독교 민족운동의 거인」

(2019) 등 다수가 있다. 장로회신학대학교, 영남신학대학교 등에서 강의하였다. 현재 순천동명교회 담임목사로 시무하고 하고 있으며, 미주장로회신학대학교(PTSA) 대외협력위원이자 겸임교수로 활동하고 있다.

임송자
성균관대학교 연구교수, 한국방송통신대 학술연구교수, 순천대학교 HK연구교수를 역임하였으며, 현재 순천대학교 인문학술원 학술연구교수로 재직 중이다. 주요 저서로『대한민국 노동운동의 보수적 기원』(2007),『한국의 노동조합과 노동운동의 역사』(2016),『배움과 좌절의 갈림길, 야학』(2017),『국가권력과 이데올로기』(공저, 2019),『전쟁과 동원문화』(공저, 2020) 등이 있고, 주요 논문으로「여순사건 이후 선무공작을 중심으로 본 지리산지구의 빨치산 진압」(2017), 여순사건과 순천지역 좌·우익 세력의 동향」(2019),「전향의 반공주체 형성과 동원」(2019),「한국전쟁기 전남지역 빨치산 활동과 지역민」(2020) 등 다수가 있다.

한규무
서강대, 수원대, 한성대 강사 및 (사)한국기독교역사연구소 상임연구원을 역임하였으며, 현재 광주대학교 교수로 재직 중이다. 주요 저서로『일제하 한국기독교 농촌운동』(1998),『기독교민족운동의 영원한 지도자 남강 이승훈』(2008),『광주학생운동』(2009) 등이 있고, 주요 논문으로「호남지역 3·1운동과 종교계」(2019),「5·18민중항쟁과 광주·전남지역 개신교계」(2012),「미국남장로교 한국선교부의 전남지역 의료선교」(2011),「지리산 노고단 선교사 휴양촌의 종교문화적 가치」(2010),「미국남장로회 순천스테이션의 교육선교과 매산남녀학교」(2008) 등이 있다.

* 집필순